Dutch Oven

Das Outdoor Kochbuch

Die 100 besten Dutch Oven Rezepte für Fans der Outdoor Küche

Falk Heinrichs

ISBN: 1978173601
ISBN-13: 978-1978173606

Inhaltsverzeichnis

Übersicht der Rezepte

Einführung

Schon vor Jahren schwappte die Barbecue-Welle über den großen Teich nach Deutschland und begeisterte hierzulande viele Hobbyköche für gegrillte und gesmokte Speisen. Aktuell erhält der Trend Zuwachs in Form eines traditionsreichen Topfes: Der Dutch Oven bereichert die Outdoor-Küche durch Eintopfgerichte, Geschmortes, Braten und sogar Brot und Kuchen. Dabei ist es ganz gleich, ob sich die Outdoor-Köche in der Wildnis, im Campingplatz oder im heimischen Garten befinden – Kohleduft und Eisentopf verbreiten selbst im zivilisierten Umfeld Abenteuerstimmung und Pionier-Atmosphäre.

Wie der Dutch Oven genau zu seinem Namen kam, ist bis heute nicht abschließend geklärt. Eine der möglichen Theorien besagt, dass britische Gusseisenproduzenten im 18. Jahrhundert spezielle Herstellungsmethoden aus Holland übernahmen, die dem Eisen eine glattere Oberfläche verliehen. Die auf diese Weise produzierten Kessel wurden fortan als „Dutch Oven" bezeichnet und vornehmlich in die USA exportiert. Dort dienten die vor allem den Siedlern auf ihren Treks Richtung Westen als robustes Kochgerät.

Technisch gesehen ist der Dutch Oven, den seine Fans liebevoll als „Dopf" bezeichnen, ein dickwandiger gusseiserner Topf mit dem dazu passenden Deckel. Heutzutage verfügt der Kessel in den meisten Fällen über drei Beine, die ihn bequem und sicher über der Hitzequelle (z.B. den Briketts) stehen lassen. Bei qualitativ hochwertigen Dutch Oven weist der Deckel ebenfalls drei Füße auf, so dass Sie ihn umgedreht wie eine gusseiserne Pfanne nutzen können. Auf den Topf aufgesetzt verfügt der Deckel über einen in die Höhe gezogenen Rand, der dafür sorgt, dass die aufgelegten Briketts auch beim zeitweiligen Herunternehmen vom Topf nicht in die Speisen rutschen.

Abenteuer: Dutch Oven Cooking

Wie befeuere ich einen Dutch Oven?

Die effektivste Hitzequelle für den Dutch Oven stellen Briketts dar, die man üblicherweise zum Grillen nutzt. Einfache Holzkohle ist eine Alternative, hat allerdings eine wesentlich geringere Brenndauer, die für die meisten Schmorgerichte und Braten ohne Nachlegen nicht ausreicht.

Befeuern lässt sich der Dutch Oven prinzipiell mit vielen anderen denkbaren Hitzequellen: Sie können den Topf zum Beispiel an seinem Henkel über ein Lagerfeuer hängen oder ihn auf einen Gasbrenner oder Gasgrill stellen. Diese Methoden haben allerdings den entscheidenden Nachteil, dass die Hitze ausschließlich von unten kommt. Auf diese Weise lassen sich zwar Suppen und Eintöpfe bereiten; Gebäck würde jedoch verbrennen, da es nur mit zusätzlicher Oberhitze regelmäßig durchgart.

Ganz gleich, ob Kohle, Feuer oder Briketts – bei jeder ungleichmäßigen Hitzequelle sollten Sie den Dutch Oven während des Kochvorganges ab und an um seine eigene Achse drehen. So vermeiden Sie sogenannte „Hot Spots“ im Topf und sorgen für ein regelmäßiges Durchgaren der Speisen.

Wenn die Witterung plötzlich wechselt und Ihnen das Outdoor-Kochen völlig verhageln sollte, stellen Sie Ihren bestückten Dutch Oven einfach in den heimischen Backofen. Dort fehlt zwar das Flair des Holzkohleduftes, doch der Eisentopf bekommt immerhin gleichmäßige Hitze von allen Seiten.

Was kann man im Dutch Oven zubereiten?

Im geschlossenen Zustand gleicht der Dutch Oven im Prinzip einem kleinen Backofen – daher lassen sich alle Speisen, die ins Backrohr kommen, gleichermaßen auch im Dutch Oven zubereiten: von Schmorgerichten über Braten bis hin zu Brot und Gebäck. In seiner Eigenschaft als Topf lassen sich natürlich auch Eintöpfe und Suppen wunderbar im „Dopf" kochen. Soll es mehr in die Richtung von Pfannkuchen oder Kurzgebratenem gehen, eignet sich der umgekehrte Deckel des Dutch Ovens hervorragend als Pfanne. Gerichte vom Backblech, wie z.B. eine Pizza, sollten Sie auf dem umgekehrten Dutch Oven Deckel platzieren und darunter einige Briketts legen. Den auf den Kopf gedrehten Topf setzen Sie wie eine Abdeckhaube auf den Deckel und positionieren die restlichen Briketts oben auf dem Topfboden. So bekommt die Pizza Hitze von allen Seiten und lässt sich nach dem Backen bequem vom Deckel herunterschieben.

Wer bereits eine umfassende Dutch Oven-Kollektion besitzt, kann sie zusätzlich mit einigen Spielereien erweitern. So bieten Dutch Oven-Hersteller heutzutage auch Kastenformen, Gugelhupf-Formen oder Muffinbleche in gusseiserner Dutch Oven-Ausführung an. Nötig sind diese Extras allerdings nicht – Brot und Kuchen können Sie in runder Form auch im gängigen Dutch Oven backen.

Wie beheize ich den Dutch Oven richtig?

Die Hitzeregulation findet beim Dutch Oven über das Umlegen der Briketts statt. Ob ein Gericht eher Ober- oder Unterhitze benötigt, entscheidet, ob die glühenden Briketts eher unter dem Boden oder auf dem Deckel liegen sollten. Als Faustregel kann man sagen: Suppen und Eintöpfe brauchen eine Verteilung von 2/3 der Briketts unter dem Dutch Oven und 1/3 auf seinem Deckel. Schmorgerichte und Braten sollten gleichermaßen von oben und unten erhitzt werden, brauchen dort also jeweils die Hälfte der verwendeten Briketts. Bei Gebäck wie Brot und Kuchen ist es vorteilhaft 1/3 der Briketts unter dem Topf und 2/3 der Briketts auf dem Deckel zu platzieren, da diese Speisen sonst von unten zu schnell verbrennen, während sie oben noch roh sind.

Die Anzahl der verwendeten Briketts richtet sich nach zwei Faktoren: die Temperatur, die erreicht werden soll und die Größe des Topfes.

Fassungsvermögen in Liter	Anzahl der Briketts für eine Temperatur von 160° bis 180°	Anzahl der Briketts für eine Temperatur von 200° bis 220°
2 Liter	8	14
4 Liter	15	21
6 Liter	24	30

Wer sich nach den Zoll-Größen des Dutch Oven richten möchte, bestimmt die Brikettmenge für eine Temperatur von etwa 170° mit der einfachen Formel Topfgröße mal 2. Für einen 12-Zoll-Topf wären demnach mindestens 24 Briketts nötig.

Wie groß sollte ein Dutch Oven sein?

Der Dutch Oven existier in mannigfaltigen Formen und Größen. Welchen Sie benötigen bestimmt die Größe ihrer Familie bzw. Kochgemeinschaft. Für Singles und Paare genügt ein Topf, der 2 Liter Fassungsvermögen hat; für vierköpfige Familien ist ein 4-Liter-Topf als Mindestmaß angebracht. Ein 6-Liter-Dutch Oven kann bis zu 8 hungrige Mäuler befriedigen, während die 8- und 12-Liter-Ausführungen für die Bewirtung von Partygesellschaften geeignet sind.

Leider sind die Größenangaben beim Dutch Oven auf den ersten Blick ziemlich verwirrend, denn sie orientieren sich an der amerikanischen Tradition. Zwei Größen sind hier von Bedeutung: Zum einen sein Durchmesser in Zoll; zum anderen das Volumenmaß Quart, abgekürzt QT. Ein Dutch Oven mit der Angabe 12“ misst demnach 12 Zoll im Durchmesser, was einem Fassungsvermögen von etwa 6 Litern entspricht. Ein Dutch Oven mit 12 QT kann mit beinahe 12 Litern befüllt werden (1 QT = 0,946 Liter).

Vorbereitung vor dem ersten Kochen

Wie alle gusseisernen Töpfe und Pfannen muss auch ein Dutch Oven vor Gebrauch eingebrannt werden. Beim Einbrennen werden Rückstände aus der Produktion entfernt und es bildet sich eine Fett-Kohle-Patina auf dem Metall, die wie eine natürliche Anti-Haftbeschichtung wirkt. Für den Vorgang benötigen Sie ein hoch erhitzbares Pflanzenöl (zum Beispiel Sonnenblumenöl) und den Gasgrill oder den Backofen. Gehen Sie dabei folgendermaßen vor:

Schritt 1: Reinigen Sie den Dutch Oven gründlich mit Wasser und Spülmittel und trocknen Sie ihn anschließend gut ab.

Schritt 2: Ölen Sie das Eisen mithilfe eines Küchenpapiers dünn ein.

Schritt 3: Legen Sie den Dutch Oven kopfüber auf den Backrost und erhitzen Sie ihn bei 200 Grad etwa 1-2 Stunden lang. Alternativ legen Sie den Topf umgedreht auf den Gasgrill. Letzteres bietet den unschlagbaren Vorteil, dass Ihre Küche frei von Rauchschwaden bleibt.

Schritt 4: Abschließend lassen Sie den Dutch Oven auskühlen und reiben ihn mit einem feuchten Küchenpapier sauber.

Was ist sonst noch zu beachten?

Abkühlen lassen: Lassen Sie den Topf nach der Zubereitung von Speisen immer erst abkühlen, bevor Sie ihn reinigen. Wenn Sie das heiße Eisen mit kaltem Wasser in Berührung bringen, verzieht es sich unter Umständen.

Spülen: Waschen Sie angebrannte Reste im Topf mit warmem Wasser und einem Schwamm aus. Falls die Verkrustungen schwer zu lösen sind, weichen Sie sie eine Zeit lang in warmem Wasser ein. Verzichten Sie auf die Verwendung von Spülmittel.

Abtrocknen: Trocknen Sie den Dutch Oven nach dem Waschen mit Küchenpapier ab. Auf diese Weise entfernen Sie noch vorhandene Fettreste vom Metall. Falls der Topf nach einem Backvorgang nicht sehr schmutzig erscheint, können Sie auf das Wasser auch völlig verzichten und das Eisen nur mit einem Küchenpapier abwischen. Lassen Sie den Topf niemals längere Zeit mit kalten Speisen oder mit Wasser gefüllt stehen – ansonsten besteht Rostgefahr. Auch sehr säurehaltige Speisen können die Patina des Topfes angreifen.

Pflegen: Den Dutch Oven sollten Sie nach jeder Reinigung mit etwas Öl einfetten. Dafür geben Sie das Fett auf ein trockenes Küchenpapier und wischen den Topf damit aus.

Rost entfernen: Rostflecken können Sie mithilfe eines Küchenschwammes und etwas Öl vorsichtig abreiben. Falls die Stellen sich innen im Dutch Oven befunden haben und Sie bei der Entfernung stark schrubben mussten, müssen Sie den Topf erneut einbrennen, da die Patina durch den Rost in Mitleidenschaft gezogen wurde.

Nötiges Equipment

Briketts: Sie sollten eine gute Qualität haben – Billigware zerfällt zu schnell und gibt nur über kurze Perioden Hitze ab.

Anzündkamin: Die Briketts für den Dutch Oven bringen sie am effektivsten in einem Anzündkamin zum Glühen. Der Stahlzylinder wird dazu auf eine feuerfeste Unterlage gestellt und mit schnell brennbarem Material bestückt; z.B. Küchenpapier, Zeitungspapier oder Grillanzünder. Ist das Brennmaterial entfacht, füllen Sie die Briketts ein. Nach etwa 15 bis 20 Minuten sind diese gleichmäßig durchgeglüht und bereit zum Einsatz unter und auf dem Dutch Oven.

Kohlezange: Für das Hantieren mit den glühenden Briketts und das Umlegen der Hitze zwischen Deckel und Boden des Dutch Oven benötigen Sie eine Kohlezange. Die meisten gängigen Grillzangen sind für diese Aufgabe eher ungeeignet, da sie über Kunststoff- oder Holzgriffe verfügen. Käme das Material versehentlich mit den heißen Briketts in Kontakt, würde es schmelzen oder beschädigt werden.

Deckelabheber: Um nachzusehen, ob das Brot bereits eine braune Kruste erhält oder der Eintopf noch genügend Flüssigkeit hat, müssen Sie während des Garvorganges den Deckel des Dutch Ovens abheben. Bei den meisten Gerichten ist dieser allerdings mit heißen Briketts bestückt. Hier hilft ein spezieller Deckelabheber für den Dutch Oven: Er sieht aus wie ein Haken, verkeilt sich durch eine zusätzliche Strebe allerdings derart, dass der Deckel beim Abheben sicher in der Waagerechten bleibt. So kann nichts schwanken und die Briketts bleiben auf dem Deckel liegen – anstatt womöglich in die Suppe zu fallen.

Grillhandschuhe: Der gusseiserne Topf erhitzt sich überall gleichmäßig – auch an seinen Henkeln. Zum Drehen des Ofens und zum Hantieren mit dem Deckel benötigen Sie daher widerstandsfähige Grillhandschuhe.

Hinweise zu den Rezepten

Bevor wir mit den eigentlichen Rezepten starten, möchte ich Ihnen noch ein paar wichtige Hinweise mit auf den Weg geben. Dies ist nicht das erste Rezeptbuch, das unser Team veröffentlicht, daher haben wir bereits eine gute Erfahrungsbasis und wissen, was Leser von einem Kochbuch erwarten.

Warum enthält das Kochbuch keine Fotos der Gerichte?

Viele Leser kritisieren fehlende Abbildungen der Rezepte in den Büchern auf Amazon. Um dieser Kritik zuvorzukommen hier einmal eine Erklärung dafür: Wir versuchen unseren Lesern tolle Rezepte und Ratgeber zu einem erschwinglichen Preis anzubieten. Fotos in Büchern treiben den Buchpreis enorm in die Höhe, sodass sich der angebotene Preis beinahe verdoppeln würde. Haben Sie sich schon mal gefragt, wie es möglich ist solch ein Buch unter 10 Euro inklusive Versand anzubieten?

Dennoch erachten wir den Mehrwert durch Abbildungen für sehr begrenzt. Wer bereits einmal versucht hat Rezepte nachzukochen, wird schnell merken, dass die meisten Bilder in Kochbüchern nicht das eigentliche Gericht abbilden, sondern nur zur Veranschaulichung genutzt werden und eigentlich gar nicht vom Autor stammen. Dies ist nicht bei allen Büchern der Fall, jedoch bei sehr vielen, sodass der Leser anschließend enttäuscht ist, wenn sein Gericht nicht annähernd so aussieht wie das der Abbildung. Wir versuchen in unseren Rezepten den Prozess der Zubereitung sehr detailliert zu beschreiben, sodass ein Nachkochen überhaupt kein Problem darstellt.

Wie sind die Nährwertangaben zu bewerten?

Grundsätzlich beziehen sich alle Nährwertangaben auf jeweils eine Portion. Da die Nährwerte zwischen den Produkten verschiedener Hersteller variieren können, sollten Sie die Nährwerte als reine Orientierungshilfe nutzen. Um genaue Nährwertangaben für die von Ihnen verwendeten Produkte zu erhalten, empfehlen wir sogenannte Tracking-Apps wie z. B. MyFitnessPal. Damit haben Sie jederzeit im Blick, wie es um Ihre Makro- und Mikronährstoffe bestellt ist. Vegetarische und vegane Gerichte erkennen Sie an dem jeweiligen Symbol hinter dem Rezepttitel.

Vegan

Sie finden einige Rezepte zu kompliziert oder langweilig?

Nicht jedes Rezept wird Ihnen gefallen. Wir versuchen in unseren Büchern ein breites Spektrum verschiedener Gerichte und Schwierigkeitsgrade abzudecken, dennoch hat jeder Leser seine eigenen Präferenzen. Suchen Sie sich die Rezepte aus, die am besten zu Ihnen passen. Die einen mögen es schlicht und einfach, andere bevorzugen eher ausgefallene Kreationen.

Rezepte

Birnen-Quinoa-Frühstücksbrei

Vegan

4 Portionen – 20 Minuten Zubereitungszeit

Zutaten:

- 200g Quinoa
- 400ml Wasser
- 4 kleine Birnen
- 4 EL Rosinen
- 2 EL Ahornsirup
- 1 TL Zimt
- 60g gehackte Walnüsse

1. Die Quinoa waschen und mit der doppelten Menge Wasser in den Dutch Oven füllen.
2. Dabei zunächst sämtliche Briketts unter den Topfboden legen und einmal aufkochen lassen. Anschließend den Deckel aufsetzen, 2/3 der Briketts nach oben umlegen und bei niedriger Temperatur 20 Minuten lang quellen lassen.
3. Die Birnen schälen und würfeln.
4. Wenn die Quinoa weich gegart ist, Birnenwürfel, Zimt, Rosinen, Ahornsirup und Walnüsse untermischen.

Nährwertangaben pro Portion:

388 kcal | 59g Kohlenhydrate | 12g Fett | 11g Protein

Mehlfreie Pfannkuchen

4 Portionen – 20 Minuten Zubereitungszeit

Zutaten:

- 6 EL Chia-Samen
- 4 Bananen
- 8 Eier
- 1 Messerspitze Zimtpulver
- Kokosöl zum Braten

1. Der Deckel des Dutch Oven wird wie eine gusseiserne Pfanne verwendet. Dazu die Briketts unterlegen und den Deckel vorheizen.
2. Die Bananen mit einer Gabel zerdrücken und das Fruchtfleisch mit den Eiern verquirlen.
3. Chia-Samen und Zimtpulver unterrühren.
4. Für den besseren Zusammenhalt den Teig noch einige Minuten lang quellen lassen.
5. Kokosöl im Dutch Oven-Deckel erhitzen und die Teigmischung bei mittlerer Hitze zu Pfannkuchen ausbacken. Mini-Pancakes lassen sich dabei bequemer wenden als große Exemplare.

Nährwertangaben pro Portion:

311 kcal | 8g Kohlenhydrate | 21g Fett | 17g Protein

Dreierlei Knollengemüse mit Rührei

4 Portionen – 40 Minuten Zubereitungszeit

Zutaten:

- 1 mittelgroße rote Beete
- 1 große Süßkartoffel
- 1 große Kartoffel
- 1 Karotte
- 1 mittlere Zwiebel, grob gehackt
- 2 EL Olivenöl
- ½ TL Salz
- 2 EL Olivenöl
- 4 große Eier
- schwarzer Pfeffer
- 50g Parmesan, gerieben

1. Den Dutch Oven auf die glühenden Briketts aufsetzen.
2. Die rote Beete, Süßkartoffel, Kartoffel und Karotte schälen und anschließen in Würfel schneiden. Alternativ kann das Gemüse auch auf einer groben Gemüseraspel zerkleinert werden.
3. Olivenöl im Dutch Oven heiß werden lassen und die Zwiebelwürfel darin glasig dünsten.
4. Anschließend das zerkleinerte Gemüse hinzufügen und etwa 10 Minuten lang weich dünsten lassen. Dabei ständig umrühren.
5. Die Eier in einer Schüssel verschlagen und mit Salz und Pfeffer würzen.
6. Nun das Gemüse Richtung Wand des Dutch Ovens schieben und die Eiermischung in die Mitte gießen. Etwa eine Minute lang anstocken lassen.
7. Anschließend das Rührei mit dem Knollengemüse vorsichtig vermengen und den Parmesan darüber streuen.
8. Nochmals für ein 1 bis 2 Minuten garen lassen.

Nährwertangaben pro Portion:

494 kcal | 50g Kohlenhydrate | 25g Fett | 17g Protein

Haferflockenpfannkuchen

2 Portionen – 30 Minuten Zubereitungszeit

Zutaten:

- 2 ½ EL Sojamehl
- 100 Haferflocken
- 100g Vollkornmehl
- 175ml Hafermilch oder Sojadrink
- 50ml Mineralwasser mit Kohlensäure
- Kokosöl zum Braten

1. Sojamehl, Haferflocken, Vollkornmehl und Hafermilch zu einem homogenen Teig verrühren. Zum Schluss das Mineralwasser unterrühren und den Teig mindestens 10 Minuten lang quellen lassen.
2. Den Dutch Oven-Deckel wie eine Pfanne auf glühenden Briketts vorheizen.
3. Kokosöl im Deckel erhitzen und nacheinander die Pfannkuchen ausbacken.
4. Haferflockenpfannkuchen schmecken sowohl süß als auch mit herzhaften Belägen.

Nährwertangaben pro Portion:

449 kcal | 62g Kohlenhydrate | 13g Fett | 20g Protein

Brokkoli-Schinken-Quiche

4 Portionen – 40 Minuten Zubereitungszeit

Zutaten:

- 200g Champignons
- 200g Brokkoli
- ½ Zwiebel
- 8 Eier
- 1 ½ EL Olivenöl
- 40 EL Vollmilch
- 150g Emmentaler
- 150g Kochschinken
- Salz und frisch gemahlener Pfeffer

1. Die Zutaten vorbereiten: Broccoli waschen und in Röschen zerteilen, Champignons in Scheiben schneiden, Zwiebel fein würfeln. Kochschinken in mundgerechte Stücke schneiden und Emmentaler grob reiben.
2. Dutch Oven präparieren, indem der Topf auf die Hälfte der glühenden Briketts platziert wird.
3. Olivenöl im Dutch Oven erhitzen und die Zwiebel darin glasig dünsten. Champignons und Broccoli hinzufügen und alles etwa 10 Minuten lang weich dünsten.
4. Käse und Schinken unterrühren und mit Salz und Pfeffer abschmecken.
5. Die Eier und die Milch in einer Schüssel verquirlen und auf die Gemüsemischung gießen.
6. Den Deckel auf den Dutch Oven setzen und die andere Hälfte der Briketts darauflegen.
7. Das Gericht 15 bis 20 Minuten lang garen lassen, bis die Eier vollständig gestockt sind.

Nährwertangaben pro Portion:

371 kcal | 6g Kohlenhydrate | 27g Fett | 26g Protein

Brombeer-Mini-Cakes

4 Portionen – 30 Minuten Zubereitungszeit

Zutaten:

- 250g Mehl
- 2 TL Backpulver
- 5 EL neutrales Pflanzenöl
- 250ml kalte Milch
- 6 EL Honig
- 200g Brombeeren (oder Blaubeeren)
- 2 TL abgeriebene Zitronenschale

1. Dutch Oven vorheizen, indem er auf glühende Briketts gestellt wird.
2. In einer Schüssel Mehl und Backpulver verrühren.
3. Öl, Honig und Milch hinzufügen und alles zu einem homogenen Teig verarbeiten. Nicht länger rühren, als es nötig ist.
4. Brombeeren und Zitronenschale untermischen.
5. Dutch Oven mit etwas Öl einfetten und den Teig in kleinen Portionen hineingeben, von denen jeweils eine ein Küchlein ergeben soll. Die restliche Teigmenge für den nächsten Durchgang beiseitestellen.
6. Deckel auf den Dutch Oven setzen und Briketts darauf platzieren.
7. Brombeerküchlein etwa 15 Minuten lang backen.

Nährwertangaben pro Portion:

247 kcal | 33g Kohlenhydrate | 11g Fett | 5g Protein

Pilz-Kartoffelpfanne

4 Portionen – 40 Minuten Zubereitungszeit

Zutaten:

- 8 Eier
- 120 ml saure Sahne
- 600g Kartoffeln
- 200g geräucherter Schinken
- 150g Wildpilze
- 1 EL Olivenöl
- 1 TL Thymian
- ½ Knoblauchzehe
- 1 TL Salz
- 1 TL Pfeffer

1. Mit ¾ der heißen Kohlen unter dem Ofen und mit ¼ der Kohlen auf dem Deckel den Dutch Oven vorbereiten.
2. In einer Schüssel die Eier mit der sauren Sahne verschlagen und beiseitestellen.
3. Die Kartoffeln schälen und in dünne Scheiben schneiden.
4. Das Öl in den Dutch Oven geben und heiß werden lassen.
5. Die Kartoffeln am Boden des Topfes verteilen und mit einem Pfannenwender glätten.
6. Anschließend den gewürfelten Speck und die geputzten und zerkleinerten Wildpilze auffüllen.
7. Mit Thymian, der zerdrückten Knoblauchzehe, Salz und Pfeffer würzen.
8. Dann die Ei-Sahne-Mischung aufgießen.
9. Anschließend den Deckel aufsetzen und für 35-40 Minuten backen bis Eier vollständig gegart sind.

Nährwertangaben pro Portion:

460 kcal | 24g Kohlenhydrate | 30g Fett | 22g Protein

Tunesische Frühstückspfanne

4 Portionen – 35 Minuten Zubereitungszeit

Zutaten:

- 1 EL Paprikapulver, scharf oder mild
- 1 TL gemahlener Kreuzkümmel
- 1 große Dose gehackte Tomaten (800 ml)
- 1 kleine Zwiebel
- 80g zerbröckelter Feta
- ½ Bund glatte Petersilie
- 1 Knoblauchzehe
- 400g Pimentos de Padron (Bratpaprika)
- 8 große Eier
- Salz und Pfeffer
- Olivenöl

1. Den Deckel des Dutch Oven wie eine Pfanne gusseiserne über einem Gaskocher oder glühenden Briketts erhitzen.
2. Die gehackte Zwiebel und die gewürfelte Paprika in 1 EL heißem Olivenöl anschwitzen. Das Gemüse 7 bis 8 Minuten dünsten, bis es weich ist.
3. Paprikapulver, gehackten Knoblauch, Kreuzkümmel und etwas Salz zugeben und eine Minute lang mitschmoren.
4. Die Tomaten zugeben und 15 Minuten lang bei niedriger Hitze einkochen lassen.
5. Die Petersilie hacken und die Hälfte unter die Gemüsemischung rühren.
6. In den heißen Pfanneninhalt mit dem Löffel acht Vertiefungen drücken und je ein Ei hineinschlagen. Mit Pfeffer und Salz bestreuen.
7. Den Dutch Oven Deckel dem umgedrehten Topf abdecken und die Briketts zur Hälfte nach oben legen. Die Eier fünf bis 8 Minuten lag garen, bis das Eiklar gestockt ist und das Eigelb noch weich.
8. Mit Feta und der restlichen Petersilie bestreuen.

Nährwertangaben pro Portion:

213 kcal | 9g Kohlenhydrate | 15g Fett | 11g Protein

Rührei aus dem Dutch Oven-Deckel

4 Portionen – 15 Minuten Zubereitungszeit

Zutaten:

- 8 Eier
- 100g gewürfelter Schinken
- ein Schuss Mineralwasser
- frischer Schnittlauch und frische Petersilie
- Salz und Pfeffer

1. Schnittlauch oder Petersilie waschen und zerkleinern.
2. Eier und Wasser verquirlen; die Eiermasse mit Schnittlauch, Petersilie, Salz und Pfeffer verfeinern.
3. Den Deckel des Dutch Oven mit der Unterseite nach oben auf die Glut stellen und heiß werden lassen.
4. Die Schinkenwürfel kurz anbraten und anschließend die Eiermischung hinzugeben.
5. Mit einem Holzlöffel durchrühren, bis das Ei durch die Hitze vollständig gestockt ist.

Nährwertangaben pro Portion:
280 kcal | 1g Kohlenhydrate | 14g Fett | 21g Protein

Kartoffelsuppe Asia-Style

4 Portionen – 40 Minuten Zubereitungszeit

Zutaten:

- 500g Kartoffeln, mehlig kochend
- 1 Zwiebel
- 1 Stück Ingwerwurzel (etwa 4 cm)
- 1 Knoblauchzehe
- 1 Stängel Zitronengras
- 1 rote Chilischote
- 1 EL Kokosöl
- 1 EL Sesamöl
- 400ml Gemüsebrühe
- 400ml Kokosmilch
- Limettensaft
- Salz

1. Die Zwiebel schälen und würfeln. Ingwer, Chili und Knoblauch fein hacken.
2. Kartoffeln schälen und in 2 Zentimeter große Stücke schneiden.
3. Den Dutch Oven auf die glühenden Briketts setzen und Kokosöl und Sesamöl darin erhitzen.
4. Zwiebeln, Chili, Ingwer und Knoblauch darin andünsten. Das Zitronengras flachklopfen und mit in den Topf legen.
5. Die Kartoffeln ebenfalls in den Dutch Oven geben und ein paar Minuten mit anrösten.
6. Mit Brühe ablöschen und abgedeckt etwa 20 Minuten lang kochen lassen. Dazu die Hälfte der Briketts auf den Deckel umlegen.
7. Anschließend noch einmal alle Briketts nach unten umlegen und die Suppe grob mit dem Kartoffelstampfer zerkleinern.
8. Die Kokosmilch hinzugießen und das Gericht mit Sojasauce und Limettensaft abschmecken.

Nährwertangaben pro Portion:

178 kcal | 22g Kohlenhydrate | 7g Fett | 5g Protein

Französische Fischsuppe

4 Portionen – 40 Minuten Zubereitungszeit

Zutaten:

- 250g Schellfischfilet
- 250g Red Snapper (Fisch)
- 200g Garnelen
- 200g Miesmuscheln
- 100g Jakobsmuscheln
- 6 EL Olivenöl
- 3 Knoblauchzehen
- 2 Zwiebeln
- 2 Tomaten
- 700ml Fischfond
- 400ml Weißwein
- 1 Lorbeerblatt
- Safranfäden
- Frisches Basilikum
- Salz und Pfeffer

1. Das Öl im Dutch Oven erhitzen. Zwiebeln schälen und würfeln; anschließend im Öl glasig dünsten. Knoblauch, Safran, Lorbeerblatt und zerkleinerte Tomaten mitdünsten.
2. Mit Wein und Fischfond ablöschen. Alles im abgedeckten Dutch Oven etwa 30 Minuten lang köcheln lassen.
3. Währenddessen die Muscheln waschen und entbarten, sowie das Fischfilet in mundgerechte Stücke schneiden.
4. Fisch und Muscheln in die Suppe geben und alles noch 5 bis 7 Minuten gar ziehen lassen. Frisches Basilikum kacken und unterrühren.

Nährwertangaben pro Portion:

421 kcal | 4g Kohlenhydrate | 18g Fett | 43g Protein

Arabische Linsensuppe

4 Portionen – 60 Minuten Zubereitungszeit

Zutaten:

- 750g Tomaten
- 1 rote Paprika
- 1 rote Zwiebel
- 2 Knoblauchzehen
- 1 Selleriestangen
- 1 Chilischote
- 1½ TL Harissa (Gewürzmischung)
- 1 kleine Dose Tomaten
- 1 EL Paprikamark
- ½ TL Kreuzkümmel
- 250ml Gemüsebrühe
- 125g rote Linsen
- 1 Dose Kichererbsen (à 400 g)
- Joghurt zum Garnieren
- Olivenöl

1. Den Dutch Oven präparieren: Dazu zunächst sämtliche Briketts unter den Topf legen.
2. Zwiebel schälen und würfeln; Paprika, Sellerie und Tomaten waschen und in Stücke schneiden.
3. Die Chilischote entkernen und zerkleinern.
4. Etwas Öl erhitzen und darin die Zwiebeln glasig dünsten. Anschließend Chili und Sellerie hinzugeben und mitrösten. Knoblauchzehen durchpressen und Paprikamark, Harissa und Kreuzkümmel einrühren.
5. Die Mischung einige Minuten lang braten, ohne die Gewürze zu verbrennen.
6. Paprika und Tomaten sowie Dosentomaten und Brühe auffüllen und den Deckel aufsetzen. Die Briketts umverteilen, so dass die Hälfte der Hitze von oben kommt. Den Eintopf 15 Minuten lang garen lassen.
7. Kichererbsen abspülen und zusammen mit den roten Linsen in den Eintopf rühren. Anschließend weitere 15 bis 20 Minuten lang kochen lassen, bis die Linsen weich sind.
8. Beim Servieren nach Belieben mit einem Klecks Joghurt garnieren.

Nährwertangaben pro Portion:

247 kcal | 32g Kohlenhydrate | 5g Fett | 15g Protein

Käsesuppe, „light“

8 Portionen – 45 Minuten Zubereitungszeit

Zutaten:

- 500g sehr mageres Rinderhack oder Geflügelhackfleisch
- 400g Champignons
- 2 Stangen Lauch
- 1 Zwiebel
- 1 Chilischote
- 2 Packungen Schmelzkäse light
- 1 Liter Gemüsebrühe
- Etwas Olivenöl

1. Dutch Oven vorbereiten und die Briketts unter den Topfboden legen.
2. Das Öl erhitzen und das Fleisch darin anbraten.
3. Die zerkleinerte Chilischote und die gewürfelte Zwiebel hinzufügen und glasig dünsten.
4. Lauch waschen und in Scheiben schneiden; Champignons putzen und zerkleinern.
5. Das Gemüse zum Fleisch in den Dutch Oven geben und einige Minuten lang dünsten.
6. Brühe dazu gießen und alles etwa 30 Minuten lang abgedeckt köcheln lassen (Briketts reduzieren).
7. Den Schmelzkäse untermischen und vor dem Servieren noch einmal aufkochen. (Briketts zugeben)

Nährwertangaben pro Portion:

266 kcal | 5g Kohlenhydrate | 16g Fett | 26g Protein

Erbsen-Kokos-Suppe Vegan

4 Portionen – 35 Minuten Zubereitungszeit

Zutaten:

- 600g grüne Erbsen
- 100g Quinoa
- 2 Zwiebeln
- 1 Chilischote
- 1 halbes Bund Petersilie oder Koriander
- 1 Stängel Zitronengras
- 2 EL Olivenöl
- 400ml Kokosmilch
- 400ml Brühe
- Salz und Pfeffer

1. Zwiebel schälen und würfeln. Chili entkernen und hacken. Das Zitronengras mit dem Messerrücken flachklopfen.
2. Das Olivenöl im Dutch Oven erhitzen und die Zwiebelwürfel mit der Chilischote darin glasig dünsten.
3. Die gewaschene Quinoa und das Zitronengras hinzufügen.
4. Brühe und Kokosmilch aufgießen und alles abgedeckt etwa 15 Minuten köcheln lassen.
5. Anschließend die Erbsen in die Suppe geben und mit Salz und Pfeffer würzen.
6. Das Gericht weitere 10 Minuten lang köcheln lassen und anschließend mit gehackten Kräutern (Petersilie oder Koriander) verfeinern.

Nährwertangaben pro Portion:

271 kcal | 25g Kohlenhydrate | 7g Fett | 12g Protein

Kartoffelsuppe mit Hühnchen

4 Portionen – 75 Minuten Zubereitungszeit

Zutaten:

- 500g Hähnchenbrust oder -keule ohne Knochen
- 2 EL Olivenöl
- 2 Zwiebeln
- 2 Stangen Sellerie
- 1kg Kartoffeln
- 1 große Möhre
- 60 g Weizenvollkornmehl
- 1 TL Paprikapulver
- 1 TL Salz
- 1 TL Pfeffer
- 800ml Hühnerbrühe
- 200ml Wasser
- 400g Erbsen (frisch oder TK)

1. In einer Schüssel Salz, Pfeffer, Mehl und Paprika mischen.
2. Das Fleisch in mundgerechte Würfel schneiden und sorgfältig in der Mehlmischung wenden, bis alle Seiten bedeckt sind.
3. Sellerie von groben Fäden befreien und zerkleinern. Kartoffeln und Möhre schälen und in Würfel schneiden.
4. Den Dutch Oven vorbereiten; dazu ¾ der heißen Briketts unter den Topf legen.
5. Das Öl im Topf erhitzen und das Fleisch darin anbraten, bis es leicht gebräunt ist.
6. Alle weiteren Zutaten außer den Erbsen hinzugeben und den Eintopf etwa eine Stunde lang abgedeckt auf mittlerer Temperatur köcheln lassen. Dazu 2 bis 3 Briketts entfernen oder den Topf auf eine kühlere Stelle der Glut ziehen.
7. Mit Salz und Pfeffer abschmecken und kurz vor dem Servieren die Erbsen zugeben und noch 3 bis 4 Minuten garen lassen.

Nährwertangaben pro Portion:
99kcal | 11g Kohlenhydrate | 0g Fett | 8g Protein

Veggie-Dutchtopf Vegan

4 Portionen – 70 Minuten Zubereitungszeit

Zutaten:

- 1 Zwiebel
- 2 Knoblauchzehen
- 1 TL Salz
- 1 TL Pfeffer
- 5 Zweige frischer Thymian
- 4 große Champignons
- 1 Stange Sellerie
- 1 rote Paprika
- 2 Tomaten
- 2 Möhren
- 2 Petersilienwurzeln oder Pastinaken
- 1 kleine Zucchini
- 1 kleine Aubergine
- 1 kleiner Fenchel
- 200g Spinat
- 200g Mais
- 800ml Gemüsebrühe
- 2 EL Weizenmehl

1. Den Dutch Oven über ¾ der heißen Briketts vorheizen.
2. Währenddessen das Gemüse vorbereiten: Zwiebeln und Knoblauch schälen und würfeln. Karotten und Petersilienwurzel schälen und in Scheiben schneiden.
3. Paprika, Fenchel, Sellerie, Auberginen, Zucchini und Champignons säubern und in mundgerechte Stücke schneiden.
4. Im Dutch Oven 1 EL Olivenöl erhitzen und Zwiebeln und Knoblauch darin glasig dünsten.
5. Möhren, Petersilienwurzel, Sellerie, Fenchel und Auberginen einige Minuten lang miträsten.
6. Mit der Brühe ablöschen und die Gewürze hinzufügen. Den Deckel auf den Dutch Oven setzen.
7. Einige Briketts entfernen oder den Dutch Oven auf eine kühlere Stelle der Glut ziehen. Etwa 20 Minuten lang köcheln lassen.
8. Zucchini, Paprika, Champignons, Spinat und Mais mit hineingeben und weitere 15 bis 20 Minuten lang garen lassen.
9. Mehl mit etwas kaltem Wasser anrühren und rasch unter die Suppe rühren. Das Gericht unter der Zugabe von Briketts noch einmal aufwallen lassen, bis durch das Mehl eine Bindung entstanden ist.

Nährwertangaben pro Portion:

532 kcal | 31g Kohlenhydrate | 6g Fett | 14g Protein

Schwarze Bohnensuppe

4 Portionen – 120 Minuten Zubereitungszeit

Zutaten:

- 300g getrocknete Schwarze Bohnen
- 200g Räucherspeck
- 1 Zwiebel
- 1 Dose gehackte Tomaten
- 2 Paprikaschoten
- 1l Gemüse- oder Hühnerbrühe
- 1 TL Cayennepfeffer
- 1 TL gemahlener Kreuzkümmel
- 1 TL getrockneter Oregano
- Frischer Koriander
- Saure Sahne
- Salz und Pfeffer

1. Bohnen 24 Stunden lang in kaltem Wasser einweichen. Anschließend das Einweichwasser wegschütten und die Bohnen gründlich abspülen.
2. Den Dutch Oven mit ¾ der heißen Briketts unter dem Topfboden präparieren.
3. Den Räucherspeck würfeln und im heißen Dutch Oven anbraten. Herausnehmen, wenn er beginnt, kross und braun zu werden.
4. Die gewürfelte Zwiebel im Speckfett glasig dünsten.
5. Die Bohnen hinzufügen und so viel Wasser aufsetzen, bis sie gerade bedeckt sind.
6. Etwa eine Stunde zugedeckt lang sanft köcheln lassen, dafür eventuell wieder einige Briketts entfernen.
7. Paprika waschen und würfeln.
8. Paprika, Gewürze, Brühe, Tomaten und Speckwürfel zu den Bohnen geben und den Eintopf weitere 45 Minuten lang garen.
9. Mit Salz und Pfeffer abschmecken und mit saurer Sahne und frischem Koriander servieren.

Nährwertangaben pro Portion:

667 kcal | 55g Kohlenhydrate | 30g Fett | 44g Protein

Zwiebelsuppe

4 Portionen – 60 Minuten Zubereitungszeit

Zutaten:

- 700g Zwiebeln, geschält
- 2 EL Olivenöl
- 2 Knoblauchzehen
- 1 TL Honig
- Reichlich frischer Thymian
- ¼ l Weißwein
- ¾ l Gemüsebrühe
- 4 Baguettescheiben oder Brot nach Wahl
- 200 g frisch geriebener Gruyere (Käse)
- Salz, Pfeffer

1. Zwiebeln schälen und in Ringe schneiden. Knoblauch schälen und hacken.
2. Im Dutch Oven das Öl erhitzen und Zwiebeln und Knoblauch dabei bei mittlerer Hitze langsam goldbraun braten.
3. Mit dem Honig leicht karamellisieren lassen und Thymian nach Geschmack hinzufügen.
4. Weißwein und Brühe aufgießen und die Suppe etwa 45 Minuten lang abgedeckt köcheln lassen. Die Konsistenz dabei mit der Zugabe von Wasser oder Brühe steuern.
5. Mit Salz, Pfeffer und Thymian abschmecken. Die 4 Brotscheiden auf die Suppe legen und mit Gruyère bestreuen. Alle Briketts auf den Dutch Oven-Deckel legen und die Suppe 5 bis 10 Minuten lang gratinieren.

Nährwertangaben pro Portion:

404 kcal | 33g Kohlenhydrate | 17g Fett | 18g Protein

Mexikanisch gefüllte Paprika

4 Portionen – 55 Minuten Zubereitungszeit

Zutaten:

- 4 Paprikaschoten, bunt gemischt
- 1 Zwiebel, gewürfelt
- 1 Dose Kidneybohnen, 265 g Abtropfgewicht
- 1 Kochbeutel gegarter Reis vom Vortag
- 1 kl. Dose/n Mais, 140 g Abtropfgewicht
- 120g Cheddarkäse, gerieben
- 2 Knoblauchzehe(n), gehackt
- 200ml Tomatenpüree
- 2 Karotten
- 1 TL Kreuzkümmel, gemahlen
- 2 TL Koriander, gemahlen
- 2 ½ TL Paprikapulver
- Cayennepfeffer
- Salz
- Olivenöl
- Zum Garnieren: Sauerrahm und Korianderkraut

1. Mit ¾ der heißen Briketts unter dem Topf und mit ¼ der Kohlen auf dem Deckel den Dutch Oven vorbereiten.
2. Karotten auf einer Gemüsereibe zerkleinern, Zwiebeln würfeln und Knoblauch hacken.
3. Zunächst in etwas Olivenöl die Zwiebel und den Knoblauch glasig düsten. Reis, Mais, Kidneybohnen hinzufügen und einige Minuten lang garen. Dabei alle Gewürze hinzugeben und die halbe Menge des Käses und des Tomatenpürees unterrühren. Anschließend alles in eine Schüssel füllen und beiseitestellen.
4. Paprikaschoten gründlich waschen, einen Deckel abschneiden und die Kerne und die weißen Lamellen entfernen.
5. Die Schoten aufrecht in den Dutch Oven stellen.
6. Das vorgedünstete und gewürzte Gemüse in die Paprika füllen und mit dem verbliebenen Käse bestreuen. Das übrig gebliebene Gemüse auf dem Boden des Dutch Ovens verteilen, mit dem restlichen Tomatenpüree angießen.
7. Bei geschlossenem Deckel die gefüllten Paprika ca. 40 min garen lassen.
8. Mit einem Klecks Sauerrahm und frischem Koriander heiß servieren

Nährwertangaben pro Portion:

516 kcal | 19g Kohlenhydrate | 41g Fett | 18g Protein

Cidre-Eintopf

4 Portionen – 90 Minuten Zubereitungszeit

Zutaten:

- 2 Äpfel
- 2 Selleriestangen
- 2 Lorbeerblätter
- 100ml Wasser
- 1 TL getrockneter Thymian
- 1 TL Pfeffer
- ½ l Cidre
- 1 Pfund Suppenfleisch (Rind)
- 2 Zwiebeln
- 4 große Kartoffeln
- 1 TL Salz
- 2 EL Apfelessig
- 1 gehäufter EL Mehl
- 4 EL Olivenöl
- 4 Möhren

1. Mehl, Thymian, Pfeffer und Salz in einer Schüssel vermischen.
2. Das Fleisch in der Mehl-Mischung wenden, bis es rundherum bestäubt ist.
3. Den Dutch Oven mit ¾ der heißen Briketts unterhalb des Topfbodens vorbereiten und das Olivenöl darin erhitzen.
4. Das Fleisch im heißen Öl scharf anbraten und anschließend mit Cidre, Wasser und Apfelessig ablöschen.
5. Die Lorbeerblätter mit in die Suppe geben und alles im geschlossenen Dutch Oven köcheln, bis das Fleisch weich ist (etwa 45 bis 60 Minuten).
6. Anschließend Äpfel und Sellerie waschen und in mundgerechte Stücke zerteilen, die Karotten und Kartoffeln schälen und würfeln.
7. Alle Zutaten zum Eintopf hinzugeben und im geschlossenen Dutch Oven garen, bis sie eine weiche Konsistenz haben, aber nicht zerfallen.

Nährwertangaben pro Portion:

488 kcal | 40g Kohlenhydrate | 18g Fett | 32g Protein

Forelle mit Bacon

4 Portionen – 35 Minuten Zubereitungszeit

Zutaten:

- 50g Meersalz
- 4 Forellen, ausgenommen und gewaschen
- gemahlener Pfeffer nach Geschmack
- 4 Zweige frischen Rosmarin, gehackt
- 1 TL getrockneter Thymian
- 8 Scheiben Frühstücksspeck

1. Das Salz in einer großen Schüssel in 2 Litern Wasser auflösen.
2. Den Fisch hineinlegen und über Nacht, insgesamt 24 Stunden, einwirken lassen, dabei in den Kühlschrank stellen.
3. Am nächsten Tag den Fisch zunächst vorsichtig trockentupfen und mit Pfeffer, Rosmarin und Thymian würzen.
4. Die Forellen mit je zwei Scheiben Speck einwickeln.
5. Den Dutch Oven mit der Hälfte Briketts auf dem Deckel bestücken und die andere Hälfte unter dem Topf platzieren.
6. Den gewürzten Fisch in den Topf legen und mit dem Deckel verschließen.
7. Für 8-10 Minuten bei starker Hitze garen.
8. Einige Briketts entfernen und weitere 20 Minuten bei geringerer Hitze weiterbacken.

Nährwertangaben pro Portion:

410 kcal | 0g Kohlenhydrate | 23g Fett | 51g Protein

Rinderbraten mit Sommergemüse

4 Portionen – 150 Minuten Zubereitungszeit

Zutaten:

- 800g Rinderbraten
- 2 EL Rosmarinblätter, grob gehackt
- 6 Knoblauchzehen
- 1 TL Salz
- ½ TL Pfeffer
- 4 EL Olivenöl
- 1 Zwiebel
- 300g Mais oder Babymaiskolben
- 300g Kirschtomaten
- 200g Zucchini
- 200g grüne Bohnen
- 800ml Hühnerbrühe
- 300g Kartoffeln

1. In einer großen Schüssel Rosmarin, durchgepressten Knoblauch, Salz, Pfeffer und 2 EL Öl miteinander vermengen.
2. Das Rindfleisch von allen Seiten kräftig mit der Mischung einreiben und abgedeckt 4 bis 5 Stunden lang im Kühlschrank marinieren lassen.
3. Den Dutch Oven mit glühenden Briketts vorbereiten: Die eine Hälfte auf dem Deckel platzieren und die anderen unter den Topf legen.
4. 2 EL Olivenöl erhitzen und das Fleisch darin rundherum etwa 8 bis 10 Minuten lang anbraten.
5. 400ml Brühe hinzufügen, den Topf schließen und den Braten für 50 – 60 Minuten schmoren lassen.
6. Zwiebeln und Kartoffeln schälen und in Stücke schneiden, Bohnen putzen und Zucchini achteln.
7. Die restliche Brühe und sämtliches Gemüse mit zum Fleisch geben.
8. Den Deckel wieder schließen und weitere 60 Minuten kochen lassen.

Nährwertangaben pro Portion:

442 kcal | 26g Kohlenhydrate | 21g Fett | 38g Protein

Hähnchenbrust mit Parmesankruste

4 Portionen – 30 Minuten Zubereitungszeit

Zutaten:

- 4 Hühnerbrüste, je 200g
- 1 EL Olivenöl
- 50g Parmesan, gerieben
- 100g Vollkorn-Semmelbrösel
- 1 TL Oregano, getrocknet
- 1 TL Rosmarin, getrocknet
- 1 Knoblauchzehe
- 1 TL Salz
- 1 TL Pfeffer

1. Mit ¾ der heißen Briketts unter dem Topf und ¼ der Briketts auf dem Deckel den Dutch Oven vorbereiten.
2. Sobald der Ofen heiß ist, das Öl erhitzen und die Hähnchenbrüste hineinlegen.
3. Die Hähnchenbrüste auf jeder Seite 1-2 Minuten lang anbraten.
4. In einer Schüssel Parmesan, Brotkrümel, Oregano, Rosmarin, durchgepressten Knoblauch, Salz und Pfeffer mischen. Falls die Masse zu trocken ist, um zusammenzuhalten, etwas Öl hinzufügen.
5. Die Parmesan-Mischung auf jedes Hähnchenbrustfilet verteilen.
6. Deckel aufsetzen und 20 Minuten lang backen lassen.

Nährwertangaben pro Portion:

462 kcal | 11g Kohlenhydrate | 26g Fett | 38g Protein

Exotischer-Bohnentopf mit Schwein

4 Portionen – 90 Minuten Zubereitungszeit

Zutaten:

- 1 EL Kokosöl
- 1 Stängel Zitronengras
- 200g Schweinegulasch
- 1 Zwiebel
- 1 Knoblauchzehe
- 150g grüner Paprika
- 1 Habanero-Chili
- 2 große Tomaten
- 300ml Hühnerbrühe
- 1 Süßkartoffel
- 100ml Kokosmilch
- 400g schwarze Bohnen, gekocht (1 große Dose)
- Salz und Pfeffer nach Geschmack
- frischer Koriander, gehackt

1. Die Zwiebel schälen und würfeln. Im Dutch Oven das Kokosöl erhitzen und das Schweinefleisch sowie die Zwiebelwürfel darin bräunen.
2. Den Knoblauch mit in den Topf pressen und die in Stücke geschnittene Paprikaschote hinzufügen. 2-3 Minuten lang mit anbraten.
3. Habanero-Chili entkernen und kleinschneiden, Tomaten vierteln. Chili, Tomaten und Brühe hinzufügen.
4. Zitronengras mit dem Messerrücken etwas flachklopfen und mit in den Dutch Oven geben.
5. Den Topf schließen und bei verringerter Temperatur (einige Briketts entfernen) für 40-45 Minuten kochen lassen.
6. Die Süßkartoffel schälen und in kleine Würfel schneiden. Die Süßkartoffelstücke hinzufügen und bei geschlossenem Topf für weitere 25-30 Minuten, kochen bis die Kartoffeln weich geworden sind.
7. Kokosmilch und Bohnen einrühren und nochmals 5-6 Minuten lang kochen.
8. Mit Salz und Pfeffer nach Geschmack würzen.
9. Mit Koriander garnieren und heiß servieren.

Nährwertangaben pro Portion:

301 kcal | 39g Kohlenhydrate | 5g Fett | 23g Protein

Zitronencouscous mit Schwein

4 Portionen – 45 Minuten Zubereitungszeit

Zutaten:

- 200g Couscous
- 1 EL Olivenöl
- 500g Schweinegulasch, gewürfelt
- 250g Joghurt
- 1 EL Zitronensaft
- 2 TL Garam-Masala-Gewürzmischung
- 500ml Hühnerbrühe
- 1 TL Currypulver
- 1 EL frische Minze
- 1 TL Salz
- 1 TL Pfeffer
- 1 Bio-Zitrone, in Scheiben geschnitten

1. Mit ¾ der heißen Briketts unter dem Topf und mit ¼ der Kohlen auf dem Deckel den Dutch Oven vorbereiten.
2. Sobald der Topf heiß ist, das Olivenöl erhitzen. Das Fleisch rundherum anbraten und den Couscous einstreuen und kurz mit anschwitzen.
3. Joghurt, Zitronensaft und die Garam-Masala-Gewürzmischung hinzugeben.
4. Hühnerbrühe aufgießen und mit Currypulver, frischer Minze, Salz und Pfeffer würzen
5. Alles gut vermischen und die Zitronenscheiben oben auf dem Gericht verteilen.
6. Anschließend den Deckel aufsetzen und den Couscous 40-45 Minuten lang kochen, bis das Fleisch zart ist.

Nährwertangaben pro Portion:

535 kcal | 36g Kohlenhydrate | 31g Fett | 27g Protein

Gespickte Lammkeule mit Oliven

4 Stunden Zubereitungszeit

Zutaten:

- 5 Knoblauchzehen
- 2kg Lammkeule
- Salz und Pfeffer nach Geschmack
- 3 EL Olivenöl
- 400 ml Hühnerbrühe
- 150ml trockener Weißwein
- 4 Zweige Rosmarin
- 600g kleine Kartoffeln, gewaschen und halbiert
- 50g grüne Oliven
- 80g schwarze Oliven

1. Den Dutch Oven aufheizen – dazu die Hälfte der Briketts unter den Topf und die andere Hälfte auf den Deckel legen.
2. Die Lammkeule mit einem scharfen Messer rundherum mit Einstichen versehen.
3. Die Knoblauchzehen vierteln und die Rosmarinzweige in Stücke teilen.
4. Das Fleisch rundherum mit Knoblauch und Rosmarin spicken.
5. Die Keule mit Salz und Pfeffer würzen.
6. Die Lammkeule im heißen Dutch Oven rundherum anbraten.
7. Wein aufgießen, den Topf schließen und das Lamm etwa 3 Stunden lang garen.
8. Die Kartoffeln hinzufügen und bei geschlossenem Topf weitere 35-40 Minuten lang kochen lassen.
9. Wenn das Lamm und die Kartoffeln zart geworden sind, die Oliven hinzugeben und weitere 5 Minuten lang schmoren.

Nährwertangaben pro Portion:

442 kcal | 9g Kohlenhydrate | 17g Fett | 52g Protein

Pulled Pork

8 Portionen – 4 Stunden Zubereitungszeit

Zutaten:

- 2 kg Schweinenacken
- 2 EL Honig
- 1 EL Paprikapulver
- 2 TL schwarzer Pfeffer
- 2 TL Salz
- 1 ½ TL Knoblauchpulver
- 1 ½ TL Zwiebelpulver
- 2 TL Cayennepfeffer
- 100g Senf
- 1 Gemüsezwiebel
- 3 EL Olivenöl

1. Fleisch von überschüssigem Fett und Sehnen befreien und eventuell in zwei Stücke teilen, damit es besser in den Topf passt.
2. Fleischstück(e) mit Senf einstreichen und den Gewürzen großzügig bestreuen. Anschließend in einem gut verschlossenen Gefrierbeutel über Nacht im Kühlschrank marinieren.
3. Den Dutch Oven vorbereiten: Bei einem 10-Zoll-Topf sollten etwa 14 heiße Briketts auf dem Deckel und 4 Briketts unter dem Topf platziert werden.
4. Öl auf den Boden des Dutch Oven träufeln und die Gemüsezwiebel in grobe Ringe zerteilen.
5. Die Zwiebel auf dem Topfboden verteilen und das gewürzte Fleisch darauflegen.
6. Den Deckel auflegen und das Fleisch etwa 3 bis 4 Stunden lang schmoren lassen. Tipp: Mit einem Kerntemperatur-Thermometer lässt sich die Garzeit optimal überwachen. Die Zieltemperatur im Zentrum des Fleischstückes liegt bei etwa 94 Grad.
7. Nach dem Garen wird das Fleisch aus dem Dutch Oven genommen und kann mit zwei Gabeln auseinandergezogen (engl. to pull) werden. Saftiges Pulled Pork schmeckt hervorragend als Belag auf Sandwiches oder mit Krautsalat und Barbecue-Sauce.

Nährwertangaben pro Portion (bei 8 Portionen):
561 kcal | 5g Kohlenhydrate | 38g Fett | 50g Protein

Zucchini-Kartoffel-Gratin

4 Portionen – 90 Minuten Zubereitungszeit

Zutaten:

- 1kg Kartoffeln
- 250g Zucchini
- 100g Zwiebel
- 250g Schweizer Käse (z.B. Emmentaler und Greyerzer)
- 60g Parmesan-Käse
- 1 ½ TL Maisstärke
- 150g saure Sahne
- 125ml Gemüsebrühe
- 1 Bund frischer Schnittlauch
- 1 TL Salz
- 1 TL Pfeffer

1. Mit ½ der heißen Briketts unter dem Topf und mit ½ der Briketts auf dem Deckel den Dutch Oven vorbereiten.
2. Schweizer Käse fein reiben und mit Parmesan und Maisstärke in einer Schüssel vermengen.
3. Kartoffeln und Zwiebeln schälen und in dünne Scheiben schneiden. Zucchini waschen und ebenfalls fein zerteilen.
4. In einer weiteren Schüssel die saure Sahne, Gemüsebrühe, den gehackten Schnittlauch, Salz und Pfeffer miteinander verrühren.
5. In Schichten ¼ der Kartoffeln, gefolgt von ¼ der Zucchini und ¼ der Zwiebeln in den Topf einfüllen.
6. Anschließend mit ¼ der Sahnemischung und ¼ des Käses toppen.
7. Den Vorgang dreimal mit den restlichen Zutaten wiederholen.
8. Das Gratin etwa 1 Stunde lang garen lassen, bis die Kartoffeln weichgeworden sind.
9. Bei Bedarf die Temperatur mit Zufügen von heißer Kohle regulieren.

Nährwertangaben pro Portion:

520 kcal | 42g Kohlenhydrate | 26g Fett | 29g Protein

Champignon-Rindereintopf

4 Portionen – 120 Minuten Zubereitungszeit

Zutaten:

- ½ TL Salz
- 400g Rindfleisch, gewürfelt
- 3 EL Vollkornmehl
- 1½ EL Olivenöl
- 1 Knoblauchzehe
- 2 EL Tomatenmark
- ½ TL Thymian
- ½ TL Majoran
- 1 Lorbeerblatt
- 50ml Rotwein
- 300ml Rinderbrühe
- 1 Zwiebel
- 3 mittlere Karotten
- 100g Kohlrabi
- 150g grüne Bohnen
- 400g braune Champignons

1. In einer mittelgroßen Schüssel Salz und Mehl mischen.
2. Das Rindfleisch hinzufügen und mehrfach wenden, um es auf allen Seiten zu bestäuben.
3. Das Öl im Dutch Oven erhitzen
4. Das Rindfleisch rundherum anbraten, bis es leicht gebräunt ist.
5. Das Tomatenmark kurz mit anrösten.
6. Knoblauch, Kräuter, Wein und Brühe hinzufügen.
7. Den Topf schließen, die Temperatur etwas senken und für 55-60 Minuten kochen lassen.
8. Zwiebeln, Karotten und Kohlrabi schälen, putzen und in Stücke schneiden. Das Gemüse zum Fleisch in den Dutch Oven geben.
9. Den Deckel wieder schließen und 20 weitere Minuten lang kochen.
10. Bohnen und Pilze putzen, zerkleinern und zum Eintopf hinzufügen.
11. Den Deckel erneut aufsetzen und weitere 10-15 Minuten lang köcheln lassen.

Nährwertangaben pro Portion:

302 kcal | 15g Kohlenhydrate | 12g Fett | 31g Protein

Gulasch

4 Portionen – 150 Minuten Zubereitungszeit

Zutaten:

- 1 kg Rindergulasch
- 3 Paprikaschoten
- 2 Zwiebeln
- 1 Knoblauchzehe
- 1 große Dose Tomaten
- 4 EL Tomatenmark
- 450 ml Rinderbrühe
- 300ml Rotwein
- 2 EL Paprikapulver
- 2 Lorbeerblätter
- 2 Zweige Thymian
- Salz, Pfeffer
- Olivenöl

1. Den Dutch Oven mit sämtlichen Briketts unter dem Topf vorheizen.
2. Etwas Olivenöl erhitzen und das Fleisch im heißen Fett rundherum scharf anbraten. Fleisch mit einer Schaumkelle aus dem Topf nehmen.
3. Die zerkleinerte Knoblauchzehe und die grob in Stücke geschnittenen Zwiebeln im Fett andünsten.
4. Paprika waschen, in Stücke schneiden und mit in den Topf geben.
5. Das Tomatenmark, das Paprikapulver und die Lorbeerblätter kurz mitrösten und das Fleisch wieder in den Topf hineingeben.
6. Mit Wein ablöschen und ihn bei offenem Dutch Oven etwas reduzieren lassen.
7. Anschließend Thymian, Brühe und Tomaten mit hineingeben und den Deckel auflegen.
8. Die Briketts zur Hälfte auf den Deckel legen und das Gericht etwa 2 Stunden lang bei geringer Hitze schmoren lassen.
9. Zwischendurch umrühren und kontrollieren, ob genügend Flüssigkeit enthalten ist.

Nährwertangaben pro Portion:

523 kcal | 14g Kohlenhydrate | 17g Fett | 14g Protein

Schichtfleisch

8 Portionen – 150 Minuten Zubereitungszeit

Zutaten:

- 1 EL Paprika edelsüß
- 1 EL Salz
- 1 EL brauner Zucker
- 2 TL Kreuzkümmel, gemahlen
- 1 TL Knoblauchpulver
- 1 TL Zwiebelpulver
- 1 TL Oregano
- 1 TL Pfeffer
- 1 TL Chilipulver
- 1 Schweinenacken (ca. 2 kg)
- 200g Bacon
- 3 Gemüsezwiebeln
- 3 Paprika

1. Das Fleisch von Sehnen befreien und in Scheiben schneiden.
2. Aus den Würzzutaten eine Würzmischung herstellen und das Fleisch damit großzügig einreiben. Anschließend über Nacht im Kühlschrank durchziehen lassen.
3. Zwiebeln schälen, Paprika waschen – beides in ½ Zentimeter dicke Scheiben schneiden.
4. Den Dutch Oven unten mit dem Frühstücksspeck auslegen.
5. Anschließend abwechselnd Fleisch, Zwiebeln und Paprika dünn einschichten und die mehrfach wiederholen. Die Schichten können dabei sowohl horizontal als auch vertikal in den Topf gelegt werden.
6. Den Dutch Oven mit 1/3 der Briketts unterhalb und 2/3 der Briketts oberhalb des Topfes vorheizen; z.B. 16 oben und 8 unten bei einem 12“ Dutch Oven.
7. Das Gericht etwa 2 Stunden lang schmoren lassen.

Nährwertangaben pro Portion:

680 kcal | 4g Kohlenhydrate | 50g Fett | 53g Protein

Grünkohl

4 Portionen – 150 Minuten Zubereitungszeit

Zutaten:

- 1 Stück durchwachsener Speck (150g)
- 1 Zwiebel
- 1kg Grünkohl
- 3 EL Dijon-Senf
- Salz, Pfeffer
- 4 Mettwürste

1. Den Speck würfeln und im heißen Dutch Oven auslassen. Dazu zunächst alle Briketts unter den Topf legen.
2. Die Zwiebel schälen und würfeln. Im Speckfett glasig dünsten.
3. Den Grünkohl waschen und hacken.
4. Den Kohl zu Speck und Zwiebeln geben und den Senf unterrühren. Mit Salz und Pfeffer würzen.
5. Den Deckel auflegen und die Hälfte der Briketts darauf platzieren. Den Grünkohl etwa 2 Stunden lang bei niedriger Temperatur köcheln lassen; dabei ab und an nachschauen, ob genügend Flüssigkeit vorhanden ist. Wenn nicht, etwas Wasser oder Gemüsebrühe nachgießen.
6. Erst kurz vor Garzeitende die Mettwürste mit hineingeben und heiß werden lassen.
7. Wer mag, kann ab der Mitte der Garzeit auch in Stücke geschnittene Kartoffeln hinzufügen – das Gericht braucht dann allerdings mehr Flüssigkeitszugabe.

Nährwertangaben pro Portion:

736 kcal | 8g Kohlenhydrate | 65g Fett | 29g Protein

Vegetarische Wirsingrouladen

4 Portionen – 100 Minuten Zubereitungszeit

Zutaten:

- 250g Reis oder Vollkornreis
- 2 Zwiebeln
- 2 Zweige Thymian
- 1 Paprika
- 1 Karotte
- 3 Eier
- 30g Parmesan
- 1 große Dose Tomaten
- 1 Knoblauchzehe
- Frisches Basilikum
- Ca. 12 Wirsingblätter
- Olivenöl
- Salz, Pfeffer
- Etwas Honig

1. Den Reis in Salzwasser bissfest garen.
2. Eine Zwiebel schälen und würfeln. In etwas Olivenöl andünsten und die zerkleinerte Paprika und Karotte dazugeben. Alles mit Salz, Pfeffer und Thymian würzen und zu guter Letzt den Reis hinzugeben.
3. Die Füllung gut durchrühren und in einer Schüssel mit Parmesan und Eiern vermengen.
4. Für die Tomatensauce die zweite Zwiebel würfeln und in Öl andünsten. Die Tomaten zugeben, Knoblauch hineinpressen und mit Salz, Pfeffer. Honig und viel Basilikum abschmecken.
5. Die Reisfüllung auf die Wirsingblätter verteilen und zu Rouladen wickeln. Gegebenenfalls die Mittelrippe der Blätter einschneiden, wenn sie sich nur schlecht biegen lassen.
6. Den Dutch Oven mit 1/3 der Briketts auf der Unterseite und 2/3 der Briketts auf dem Deckel präparieren.
7. Die Kohlrouladen in den Dutch Oven hineinlegen und die Tomatensauce darüber gießen.
8. Etwa 80 Minuten lang abgedeckt schmoren lassen.

Nährwertangaben pro Portion:

281 kcal | 27g Kohlenhydrate | 9g Fett | 12g Protein

Auberginen-Auflauf

4 Portionen – 40 Minuten Zubereitungszeit

Zutaten:

- 4 EL Olivenöl
- 2 Zwiebeln
- 2 Knoblauchzehen
- 500g Auberginen
- Frische Petersilie
- 1 Zweig Thymian
- 800g Tomaten (Dose)
- 200 g Mozzarella (gegebenenfalls fettreduziert, gerieben)
- 6 EL Parmesan (frisch gerieben)

1. Die Zwiebeln schälen und würfeln.
2. Den Dutch Oven auf glühenden Briketts erhitzen.
3. Das Öl in den Topf geben und Zwiebeln, Knoblauch und Thymian andünsten.
4. Alles mit einer Schaumkelle herausnehmen.
5. Anschließend die in Scheiben geschnittenen Auberginen portionsweise von beiden Seiten anbraten.
6. Den Dutch Oven auf seinem Boden mit Auberginenscheiben auslegen. Anschließend salzen und pfeffern, mit Petersilie bestreuen und mit Tomaten und den gegarten Zwiebeln belegen. Zum Schluss mit geriebenem Mozzarella betreuen.
7. Je nach Größe des Dutch Oven den Schichtvorgang wiederholen, bis die Zutaten aufgebraucht sind.
8. Zum Schluss den Parmesan über den Auflauf streuen und ihn abgedeckt mit 2/3 der Briketts auf dem Deckel und 1/3 der Briketts unter dem Topf etwa 30 Minuten lang garen.

Nährwertangaben pro Portion:

371 kcal | 10g Kohlenhydrate | 26g Fett | 22g Protein

Hähnchenunterschenkel, feurig mariniert

8 Portionen – 120 Minuten Zubereitungszeit

Zutaten:

- 2 kg Hähnchen Unterschenkel
- 5 cm frischer Ingwer
- 3 Chilischoten
- 8 Knoblauchzehen
- 1 EL schwarzer Pfeffer (grob gemahlener)
- 1 EL Sesamöl
- 80 ml Sherry (halbtrocken)
- 80 ml Marsala
- 150 ml Sojasoße
- 150 g Honig
- 2 EL Fischsauce
- 2 EL Chilisauce
- 4 EL Sesamsamen

1. Hähnchenschenkel waschen und salzen. Anschließend in den kalten Dutch Oven einschichten.
2. Ingwer, Knoblauch und Chili fein hacken. Anschließend mit sämtlichen anderen Zutaten zu einer Marinade verrühren.
3. Die Marinade über die Hähnchenschenkel gießen und das Fleisch über Nacht im Kühlschrank durchziehen lassen.
4. Am Folgetag den Dutch Oven mit 1/3 der Briketts unter dem Topfboden und 2/3 der Briketts auf dem Deckel präparieren und die Hähnchenschenkel etwa 2 Stunden lang schmoren lassen.
5. Zwischendurch immer mal wieder mit der Marinade übergießen, die sich am Topfboden sammelt.

Nährwertangaben pro Portion:
384 kcal | 49g Kohlenhydrate | 23g Fett | 41g Protein

Schweinerücken-Braten

120 Minuten Zubereitungszeit

Zutaten:

- 750g Schweinerücken
- 2 Knoblauchzehen
- 5 Rosmarinzweige
- 2 Zwiebeln
- 1kg Kartoffeln
- 600g Zucchini
- 800g Tomaten (Dose)
- Gemüsebrühe
- Salz, Pfeffer

1. Schweinerücken rundherum mit einem Messer einstechen und mit geviertelten Knoblauchzehen und Rosmarin spicken.
2. Braten mit Olivenöl einreiben, salzen und pfeffern und in den Dutch Oven legen.
3. Kartoffeln und Zwiebeln schälen und achteln. Zucchini in Stücke schneiden.
4. Das Gemüse rund um den Braten verteilen, den restlichen Rosmarin dazulegen und mit Tomaten übergießen.
5. Den Dutch Oven mit 2/3 der Briketts auf dem Deckel und 1/3 der Briketts unter dem Topfboden aufheizen. Den Braten abgedeckt etwa 70 Minuten garen lassen und zwischendurch gegebenenfalls etwas Brühe nachgießen.

Nährwertangaben pro Portion:

497 kcal | 47g Kohlenhydrate | 11g Fett | 51g Protein

Veggie-Topf

4 Portionen – 120 Minuten Zubereitungszeit

Zutaten:

- 3 Knoblauchzehen
- 10 Kartoffeln oder 5 Süßkartoffeln
- 3 Paprikaschoten
- 2 Zucchini
- 250g Champignons
- 1 Dose Tomaten
- 6 EL Olivenöl
- Frischer Thymian und Rosmarin
- 4 EL Semmelbrösel
- 4 EL Parmesan
- Salz und Pfeffer

1. Gemüse putzen, schälen und in grobe Stücke schneiden.
2. In einer Schüssel mit dem Olivenöl, Thymian, Rosmarin sowie Salz und Pfeffer vermengen.
3. Das Gemüse in den Dutch Oven füllen und für 45 Minuten garen. Dabei ein Drittel der Briketts unter den Topf legen und 2/3 auf den Deckel.
4. Inzwischen Semmelbrösel mit Parmesan und gehacktem Rosmarin mischen.
5. Die Bröselmischung über das Gemüse streuen und den Deckel wieder aufsetzen. Anschließend sämtliche Briketts außer 2 Stück auf dem Deckel platzieren.
6. Mit Oberhitze noch etwa 20 Minuten lang backen.

Nährwertangaben pro Portion:

400 kcal | 39g Kohlenhydrate | 20g Fett | 14g Protein

Pfirsich-Filet

4 Portionen – 45 Minuten Zubereitungszeit

Zutaten:

- 800g Schweinefilet
- Salz und Pfeffer nach Belieben
- 1 EL Pflanzenöl
- 200ml Hühnerbrühe
- 400g Pfirsiche
- 1 Zweig Rosmarin
- Frisches Basilikum
- 1½ EL Balsamico-Essig
- 1 Knoblauchzehe

1. Das Filet von Sehnen befreien und rundherum mit Salz und Pfeffer würzen.
2. Im Dutch Oven das Öl erhitzen und das Fleisch zusammen mit dem Rosmarinzweig und der Knoblauchzehe rundherum anbraten.
3. Die Pfirsiche entkernen und achteln.
4. Pfirsiche und Brühe zum Fleisch geben, den Topf schließen und die Temperatur etwas senken.
5. 25-30 Minuten garen lassen, oder bis das Schweinefleisch die gewünschte Garstufe erreicht hat.
6. Kurz vor Ende der Garzeit das Basilikum hacken und unter die Pfirsiche mischen. Das Gericht mit Salz, Pfeffer und Balsamico-Essig abschmecken.

Nährwertangaben pro Portion:
297 kcal | 10g Kohlenhydrate | 8g Fett | 46g Protein

Thunfischsteaks

4 Portionen – 45 Minuten Zubereitungszeit

Zutaten:

- 4 Thunfischsteaks (etwa 150g)
- 1 Zweig Rosmarin
- 1 Knoblauchzehe
- Schale und Saft einer Limette
- 4 EL Olivenöl
- 2 große Fenchelknollen
- 4 rote Zwiebeln
- 2 EL Olivenöl

1. Mit Rosmarin, Knoblauch, Limettensaft und -schale und 4 EL Öl eine Marinade anrühren.
2. Thunfischsteaks etwa 30 Minuten lang in der Marinade einlegen.
3. Fenchel waschen und vertikal in etwa 1 Zentimeter breite Scheiben schneiden. Zwiebeln schälen und in Ringe schneiden.
4. Gemüse mit 2 EL Öl vermischen; salzen und pfeffern.
5. Den Dutch Oven von unten her aufheizen und die Gemüsemischung hineingeben.
6. Den Fenchel etwa 5 Minuten von jeder Seite braten.
7. Auf vorgewärmten Tellern anrichten und anschließend die Thunfischsteaks in den Dutch Oven legen.
8. Von jeder Seite 2 bis 3 Minuten lang braten und sofort servieren.

Nährwertangaben pro Portion:
331 kcal | 5g Kohlenhydrate | 17g Fett | 40g Protein

Seeteufel im Päckchen

4 Portionen – 35 Minuten Zubereitungszeit

Zutaten:

- 4 EL Olivenöl
- 2 Zucchini
- 1 Paprika
- 4 Stangen grüner Spargel
- 2 Seeteufelfilets
- 6 Scheiben durchwachsener Speck
- Salz und Pfeffer

1. Gemüse waschen. Paprika und Zucchini in Streifen schneiden.
2. 4 Bögen Alufolie vorbereiten und mit Öl bepinseln.
3. Jeweils ein Viertel des Gemüses auf jeden Bogen legen und die Hälfte des Fischfilets darauf platzieren.
4. Salzen, Pfeffern und mit zwei Scheiben Speck belegen.
5. Die Folienbögen zu Paketen verschließen und sie in den Dutch Oven legen.
6. Den Fisch etwa 25 Minuten lang im Dutch Oven backen; dabei 2/3 der Briketts auf den Deckel und 1/3 unter den Topf legen.

Nährwertangaben pro Portion:
357 kcal | 3g Kohlenhydrate | 23g Fett | 33g Protein

Shrimps in Gemüsesauce

4 Portionen – 40 Minuten Zubereitungszeit

Zutaten:

- 50g Butter
- 50g Mehl
- 400g Zwiebeln
- 300 Paprika, grün
- 200g Sellerie
- 2 Zehen Knoblauch
- 400g Tomaten
- 2 Lorbeerblätter
- 1 TL Salz
- 1 TL Cayenne-Pfeffer
- 1l Fischbrühe
- 1200g Garnelen, geschält und gesäubert
- Frische Petersilie

1. Knoblauch hacken. Zwiebeln schälen und würfeln.
2. Paprika und Sellerie in Stücke schneiden.
3. Die Butter im heißen Dutch Oven zum Schmelzen bringen und die Zwiebeln glasig dünsten. Knoblauch, Paprika und Sellerie einige Minuten lang andünsten.
4. Mehl über das Gemüse stäuben und einige Minuten lang mitrösten.
5. Die zerkleinerten Tomaten hinzufügen und mit Salz, Lorbeerblätter und Cayenne würzen.
6. Nach 3 Minuten Kochzeit die Fischbrühe hinzufügen und für 20 Minuten unter gelegentlichem Rühren kochen lassen
7. Anschließend die geputzten Shrimps in den Topf geben und gleichmäßig unterrühren.
8. Etwa 5 bis 7 Minuten lang kochen lassen, mit Petersilie verfeinern und mit frischen Baguette servieren.

Nährwertangaben pro Portion:

245 kcal | 18g Kohlenhydrate | 7g Fett | 26g Protein

Kokos-Shrimps mit Reis

4 Portionen – 40 Minuten Zubereitungszeit

Zutaten:

- 500g Garnelen
- 2 EL Olivenöl
- 1 Ei
- 50g Kokosraspeln
- 1 kleine grüne Paprika
- 75g Zwiebel
- 500g gekochter Reis
- 120 ml Hühnerbrühe
- 1 TL Zimt
- ½ TL Piment
- 2 TL Cayenne Pulver
- 2 TL brauner Zucker
- 1 TL Thymian
- 1 TL Salz
- 1 TL Pfeffer

1. Die Briketts aufheizen und den Dutch Oven daraufstellen.
2. Das Öl in den Topf geben und heiß werden lassen.
3. Paprika und Zwiebel schälen, waschen und würfeln.
4. Die Kokosraspeln in eine Schüssel geben.
5. Die Garnelen falls nötig schälen und am Rücken entlang aufschneiden und den Darm herausziehen.
6. Das Ei verquirlen und die Garnelen darin wenden.
7. Anschließend in den Kokosraspeln wälzen, bis sie gänzlich bedeckt sind.
8. Die panierten Garnelen in den Dutch Oven geben und für 2 Minuten anbraten und wenden. Den Vorgang f ortführen, bis sie gleichmäßig gebräunt sind.
9. Während die Garnelen braten, die Zwiebeln und Paprika beimengen und für drei bis fünf Minuten mit andünsten.
10. Den vorgekochten Reis, z.B. Reis vom Vortrag, mit Zimt, Piment, Cayennepulver, braunem Zucker, Thymian, Salz und Pfeffer würzen
11. Garnelen und Gemüse an den Rand des Topfes schieben und den vorgekochten Reis mit der Hühnerbrühe übergießen und in der Mitte des Topfes platzieren.
12. Für weitere 5-7 Minuten kochen lassen, bis der Reis erhitzt ist.
13. Den Reis mit dem Garnelen-Topping heiß servieren.

Nährwertangaben pro Portion:

498 kcal | 40g Kohlenhydrate | 17g Fett | 29g Protein

Chorizo-Muscheln

4 Portionen – 30 Minuten Zubereitungszeit

Zutaten:

- 1 EL Olivenöl
- 60g Spanische Chorizo
- 1 TL Fenchelsamen
- 3 Knoblauchzehen
- 150ml trockenen Weißwein
- 300g Kirschtomaten
- 2 EL Estragon
- schwarzer Pfeffer
- 3-4 kg Miesmuscheln
- 4 Scheiben Brot

1. Miesmuscheln gründlich waschen. Alle geöffneten Muscheln oder solche mit beschädigter Schale aussortieren. Dann mit einem Messer Kalkreste oder Seepocken abkratzen. Schließlich mit einem scharfen Messer an den Öffnungskanten der Muschel entlangfahren, um die bitter schmeckenden Fäden der Muschel zu entfernen (entbarten).
2. Im Dutch Oven das Öl bei mittlerer Hitze erwärmen
3. Die Chorizo in dünne Scheiben schneiden und anbraten.
4. Den Fenchelsamen im Mörser zerstoßen und Knoblauch zerkleinern.
5. Beides dazugeben und für 1-2 Minuten braten, bis es zu duften beginnt.
6. Die Kirschtomaten halbieren und den Estragon zerkleinern.
7. Den Wein, Tomaten, Estragon und Pfeffer hinzugeben und für weitere 5-8 Minuten köcheln lassen.
8. Anschließend die Muscheln beigeben, den Topf schließen und für ca. 8 Minuten geschlossen halten, bis die Muschen sich öffnen.
9. Während die Muschel kochen, in den letzten 3 Minuten die Brotscheiben über dem Feuer rösten.
10. Das Muschelgericht mit geröstetem Brot heiß genießen.

Nährwertangaben pro Portion:

410 kcal | 37g Kohlenhydrate | 16g Fett | 19g Protein

Rinderbraten mit Wurzelgemüse

4 Portionen – 90 Minuten Zubereitungszeit

Zutaten:

- 1kg Rinderbraten
- 400g Süßkartoffeln
- 1 Zwiebel
- 1 Karotte
- 1 Pastinake
- 150g Rote Beete
- ½ L Rinderbrühe
- 300g Tomaten
- 60ml Rotwein
- 1 Lorbeerblatt
- 1 EL Honig
- 1 TL Zimt
- 1 TL Thymian
- 1 TL Salz
- 1 TL Pfeffer
- Kokosöl zum Anbraten

1. Das Gemüse vorbereiten: Zwiebeln und Rüben schälen und grob würfeln. Tomaten vierteln.
2. Mit ¾ der heißen Briketts unter dem Topf den Dutch Oven vorbereiten.
3. Etwas Öl erhitzen und das Rindfleisch auf allen Seiten 1-2 Minuten lang scharf anbraten.
4. Die Süßkartoffeln, Zwiebeln, Karotten, Pastinaken und Rote Bete um den Braten herum anordnen.
5. In einer separaten Schüssel die Rinderbrühe, Tomaten, Rotwein, Lorbeerblatt, Honig, Zimt, Thymian, Salz und Pfeffer gut miteinander verrühren.
6. Die Mischung über den Braten gießen.
7. Das Fleisch bei geschlossenem Topf 60-75 Minuten garen lassen, bis es eine Kerntemperatur von 60-70 Grad erreicht hat. Dabei die Briketts umverteilen: 1/3 sollten sich unter dem Topf und 2/3 auf dem Deckel befinden.

Nährwertangaben pro Portion:

637 kcal | 41g Kohlenhydrate | 20g Fett | 70g Protein

Puten-Gemüse-Eintopf

4 Portionen – 35 Minuten Zubereitungszeit

Zutaten:

- 1 EL Pflanzenöl
- 6 Knoblauchzehen
- 500g Putenfleisch (Keule)
- 400g Tomaten
- 250g Maiskörner
- 4 grüne Chilis (mild)
- 350ml Wasser
- 1 TL Italienisches Gewürz
- 1 TL gemahlener Kreuzkümmel
- 1 TL Salz
- 1 Zucchini

1. Das Öl im Dutch Oven auf eine mittlere Temperatur erhitzen, das Fleisch und den zerkleinerten Knoblauch hinzugeben.
2. Das Fleisch braten, bis es bräunt.
3. Die Tomaten würfeln und mitsamt Saft, Mais, den gewürfelten Chilischoten, Wasser, italienischem Gewürz, Kreuzkümmel und Salz hinzufügen.
4. Die Mischung aufkochen und abgedeckt für 20 Minuten köcheln lassen. Dabei auch einige Briketts auf den Deckel des Dutch Oven legen.
5. Zum Schluss die in Scheiben geschnittenen Zucchini hinzugeben und kochen bis sie gar ist.

Nährwertangaben pro Portion:

221 kcal | 9g Kohlenhydrate | 8g Fett | 28g Protein

Irish Stew mit Weißkraut

4 Portionen – 60 Minuten Zubereitungszeit

Zutaten:

- 500g Weisskohl
- 300g Möhren
- 400g Lammgulasch
- 200g Petersilienwurzeln oder Pastinaken
- 1 kleine Flasche Guinnessbier
- 1 ½ l Gemüsebrühe
- 2-3 Lorbeerblätter
- 2 Knoblauchzehen
- 1 EL Thymian
- 2 EL Weizenmehl
- Salz
- grober Pfeffer frisch aus der Mühle
- Olivenöl

1. Die Möhren sowie die Petersilienwurzeln schälen und in dünne Scheiben schneiden.
2. Weißkohl in feine Streifen schneiden und Knoblauch schälen.
3. Den Dutch Oven vorbereiten, indem ¾ der glühenden Briketts darunter platziert werden und der Rest auf dem Deckel.
4. Das Olivenöl im Topf erhitzen und das Lammfleisch darin von allen Seiten anbraten.
5. Den Knoblauch dazupressen und das Fleisch mit Weizenmehl bestäuben. Alles etwa 3-5 Minuten lang dünsten lassen.
6. Das vorbereitete Gemüse und die Lorbeerblätter zum Fleisch in den Dutch Oven geben und die Gemüsebrühe sowie das Guinessbier aufgießen.
7. Nach Geschmack salzen, pfeffern und mit Thymian würzen.
8. Den Eintopf für 45 Minuten im geschlossenen Dutch Oven köcheln lassen.

Nährwertangaben pro Portion:

281 kcal | 16g Kohlenhydrate | 14g Fett | 22g Protein

Tofu-Kartoffelcurry

4 Portionen – 45 Minuten Zubereitungszeit

Zutaten:

- 400g Tofu, schnittfest
- 600g Kartoffeln
- 2 Zwiebeln
- 4 Knoblauchzehen
- 3 Zucchini
- 300g Mais
- 2 Stängel Zitronengras
- 1 grüne Chilischote
- 4 Kaffir-Limettenenblätter
- 25g Ingwerwurzel
- 2 EL Kokosöl
- 1 Dose Kokosmilch
- 500 ml Gemüsebrühe
- 1 Bund Koriander
- Sojasauce und Limettensaft zum Abschmecken

1. Zwiebeln, Knoblauch und Ingwer würfeln, das Zitronengras flachklopfen und die Chilischote entkernen und fein schneiden. Die Kartoffeln schälen und in mundgerechte Würfel schneiden. Den Tofu ebenfalls würfeln.
2. Den Dutch Oven vorbereiten, indem ¾ der heißen Briketts daruntergelegt werden und die übrigen auf den Deckel.
3. Das Öl im Topf erhitzen und Zwiebeln, Knoblauch, Ingwer, Zitronengras und Chili darin andünsten.
4. Tofuwürfel hinzugeben und mitbraten, bis sie leicht gebräunt sind.
5. Kartoffelwürfel mit in den Topf geben und mit Brühe ablöschen. Die Limettenblätter mit hineingeben und alles bei geschlossenem Deckel etwa 15 Minuten köcheln lassen.
6. Zucchini waschen und in Scheiben schneiden. Mais, Zucchini und Kokosmilch zum Gericht hinzufügen und weitere 15 Minuten garen lassen.
7. Vor dem Servieren die Zitronengrasstängel und die Limettenblätter herausnehmen. Mit Sojasauce und Limettensaft abschmecken.
8. Korianderkraut waschen und hacken und die Portionen damit garnieren.

Nährwertangaben pro Portion:

303 kcal | 31g Kohlenhydrate | 13g Fett | 15g Protein

Süßkartoffeleintopf „afrikanisch“

4 Portionen – 40 Minuten Zubereitungszeit

Zutaten:

- 800g Süßkartoffeln
- 1kg aromatische Tomaten
- 2 rote Zwiebeln
- 2 Knoblauchzehen
- 4 cm Ingwerwurzel
- 1 grüne Chilischote
- 2 TL Koriander
- 2 TL Kreuzkümmel
- 1 EL Kurkuma
- 2 EL Erdnussöl
- 4 EL Erdnussmus
- geröstete Erdnusskerne zum Bestreuen

1. Die Süßkartoffeln schälen und in Stücke schneiden. Zwiebeln und Knoblauch schälen und würfeln; den Ingwer und die entkernte Chilischote feinschneiden.
2. Den Dutch Oven mit ¾ der Briketts unter dem Topfboden vorheizen; die übrigen auf den Deckel legen. Das Öl im Topf erhitzen und die Zwiebel und den Knoblauch darin andünsten. Anschließend Ingwer, Chili, Kurkuma, Koriander und Kreuzkümmel kurz mitrösten.
3. Tomaten vom Strunk befreien und grob würfeln. Süßkartoffeln und Tomaten in den Topf geben und mit ½ l Wasser aufgießen. Das Erdnussmus einrühren.
4. Bei mittlerer Hitze lassen den Eintopf etwa 25 Minuten lang kochen lassen. Vor dem Servieren mit Salz und Pfeffer abschmecken. Die Portionen mit ein paar gerösteten und gehackten Erdnusskernen garnieren.

Nährwertangaben pro Portion:

470 kcal | 61g Kohlenhydrate | 18g Fett | 12g Protein

Nudel-Hacktopf

4 Portionen – 75 Minuten Zubereitungszeit

Zutaten:

- 1 Knoblauchzehe
- 2 Zwiebeln
- 1 Chilischote
- 300g mageres Rinderhack
- 400g Vollkornpasta (z.B. Penne oder Farfalle)
- 2 TL getrockneter Oregano
- 2 kleine Möhre
- 2 kleine Selleriestange
- Tomaten in der Dose (800ml)
- Evtl. ein Schuss Rotwein
- Salz und Pfeffer
- 2 EL Olivenöl
- Parmesan zum Garnieren

1. Dutch Oven vorbereiten: ½ der Briketts unter den Topf legen und ½ der Briketts auf den Deckel.
2. Knoblauch und Zwiebeln schälen und würfeln.
3. Sellerie und Möhren putzen und fein schneiden.
4. Im vorbereiteten Dutch Oven das Olivenöl erhitzen und darin zunächst Knoblauch und Zwiebeln glasig dünsten.
5. Das Hackfleisch, Sellerie- und Möhrenstücke hinzugeben, mit Oregano würzen und einige Minuten lang braten mit Tomatenpüree aufgießen, bis alles bedeckt ist. Eventuell Wein hinzufügen.
6. Etwa eine Stunde lang im verschlossenen Dutch Oven garen lassen; dabei alle 15 Minuten umrühren. Wenn der Topfinhalt zu wenig Flüssigkeit enthält, Wasser nachgießen.
7. Das Gericht nach Belieben mit geriebenem Parmesan servieren.

Nährwertangaben pro Portion:

705 kcal | 81g Kohlenhydrate | 25g Fett | 39g Protein

Hähnchenschenkel mediterran

4 Portionen – 90 Minuten Zubereitungszeit

Zutaten:

- 8 mittelgroße Kartoffeln
- 4 Hähnchenschenkel mit Rückenstück
- 400ml Geflügelbrühe
- 2 Zweige Rosmarin
- 2 Knoblauchzehen
- 2 Zwiebeln
- 1 Chilischote
- Salz und Pfeffer
- 2 EL Olivenöl

1. Chili, Knoblauch und Rosmarin zerkleinern und mit Olivenöl zu einer Marinade verrühren.
2. Hähnchenschenkel mit der Rosmarinmischung einreiben und zusätzlich pfeffern und salzen.
3. Die Schenkel am besten über Nacht in einem luftdicht verschlossenen Gefrierbeutel im Kühlschrank durchziehen lassen.
4. Kartoffeln und Zwiebel schälen und achteln.
5. Dutch Oven auf der Glut erhitzen (die Hälfte der Briketts sollte unter dem Topf liegen und die andere Hälfte auf dem Deckel). Den Boden des Topfes mit Kartoffel- und Zwiebelstücken bedecken.
6. Hähnchenschenkel auf das Gemüse legen und die Brühe angießen.
7. Deckel aufsetzen und die Hähnchenschenkel anderthalb Stunden lang im verschlossenen Dutch Oven garen lassen.

Nährwertangaben pro Portion:

474 kcal | 30g Kohlenhydrate | 24g Fett | 34g Protein

„Sloppy Joes" – Burger mal schlampig

4 Portionen – 40 Minuten Zubereitungszeit

Zutaten:

- 500g mageres Rinderhack oder Putenhackfleisch
- 1 Selleriestange
- 1 grüne Paprika
- 1 kleine Zwiebel
- 200g gehackte Tomaten
- 2 EL Ketchup
- 1 EL Balsamicoessig
- einige Spritzer Worcestershiresauce
- 1 TL Knoblauchsalz
- ½ TL Senfpulver
- ½ TL Paprikapulver
- 4 Mehrkorn-Hamburger-brötchen

1. Zwiebel schälen und würfeln. Sellerie und Paprika waschen und in kleine Stücke schneiden.
2. Den Dutch Oven auf der Glut erhitzen, dazu ¾ der Briketts unter den Topf legen und ¼ auf den Deckel.
3. Das Hackfleisch hineingeben und anbraten. Sollte es sehr mager sein, zusätzlich einen EL Öl mit in den Topf geben.
4. Zwiebel-, Sellerie- und Paprikastücken mit andünsten, bis das Gemüse weich ist.
5. Sämtliche Würzzutaten und die Tomaten unterrühren und die Mischung etwa 20 Minuten lang köcheln lassen.
6. Brötchen aufschneiden und die Mischung darauf verteilen.

Nährwertangaben pro Portion:

478 kcal | 34g Kohlenhydrate | 22g Fett | 35g Protein

Rippchen – geschmort und geröstet

4 Portionen – 70 Minuten Zubereitungszeit

Zutaten:

- 2kg Kotelettrippchen
- 2 EL Paprikapulver
- 2 TL Knoblauchpulver
- 2 TL gemahlener Pfeffer
- 2 TL getrockneter Thymian
- 2 TL getrockneter Basilikum
- 2 TL getrocknete Petersilie
- ½ TL geriebene Muskatnuss

1. Sämtliche Gewürze in einer Schüssel mischen.
2. Das Fleisch in der Gewürzmischung wälzen und es gründlich damit einreiben. Anschließend am besten über Nacht abgedeckt im Kühlschrank marinieren lassen.
3. Einen passenden Ofenrost in den Dutch Oven einsetzen und das Fleisch darauf platzieren, damit es keinen Direktkontakt zum Boden hat.
4. Den Dutch Oven auf die Glut stellen und einen kleinen Schuss Wasser auf den Boden des Topfes geben. 1/3 der Briketts unter den Topf legen und 2/3 der Briketts auf dem Deckel platzieren.
5. Das Fleisch bei mäßiger Hitze abgedeckt etwa eine Stunde lang garen.
6. Anschließend auf dem Grill knusprig anbraten.

Nährwertangaben pro Portion:

398 kcal | 3g Kohlenhydrate | 14g Fett | 52g Protein

Rinderschmorbraten

4 Portionen – 90 Minuten Zubereitungszeit

Zutaten:

- 750g Rinderschmorbraten
- 1kg Kartoffeln
- 1 kleine Zwiebel
- 1 Möhre
- 250ml Rinderbrühe
- 1 EL Olivenöl
- Salz und Pfeffer

1. Dutch Oven über der Glut aufheizen und das Olivenöl hineingeben.
2. Das Fleisch im heißen Öl rundherum anbraten und dabei salzen und pfeffern.
3. Kartoffeln und Möhre schälen und in Stücke schneiden.
4. Zwiebel schälen und vierteln.
5. Das Gemüse zum Fleisch in den Topf geben und mit der Rinderbrühe angießen.
6. Den Deckel aufsetzen und Briketts auflegen. Dabei 1/3 der Briketts unter den Topf und 2/3 auf den Deckel legen.
7. Den Braten etwa eine Stunde lang schmoren lassen.

Nährwertangaben pro Portion:
543 kcal | 40g Kohlenhydrate | 20g Fett | 51g Protein

Chili con carne

4 Portionen – 60 Minuten Zubereitungszeit

Zutaten:

- 1 kleine Dose gehackte Tomaten
- 1 Packung passierte Tomaten (400ml)
- 1 Zwiebel
- 1 grüne Paprika
- 1 rote Paprika
- 400g Rinderhack (ersatzweise Tofu)
- 1 Dose Kidneybohnen
- 1 Dose schwarze Bohnen
- 1 kleine Dose Mais
- 1 frische Chilischote (Habanero oder Jalapeno)
- 1 TL gemahlener Kreuzkümmel
- 1 TL gemahlener Koriander
- 2 EL Kakao
- Salz und Pfeffer
- Olivenöl

1. Den Dutch Oven präparieren: Zwei Drittel der heißen Briketts unter dem Topf platzieren und den Rest auf den Deckel legen.
2. Zwiebel schälen und würfeln, Paprika waschen und in Stücke schneiden.
3. Das Hackfleisch (gegebenenfalls mit etwas Öl) anbraten, bis es leicht bräunt.
4. Zwiebel und Paprika kurz mit andünsten; Kreuzkümmel, Koriander und die zerkleinerte Chilischote ebenfalls kurz mitrösten.
5. Tomaten, Bohnen und Mais hinzufügen. Das Kakaopulver unterrühren.
6. Die Mischung mit Salz und Pfeffer würzen und etwa 45 Minuten lang im geschlossenen Dutch Oven köcheln lassen. Ab und zu schauen, ob die Zugabe von Wasser nötig ist.
7. Das Chili mit Sauerrahm, frischem Korianderkraut und Brot servieren.

Nährwertangaben pro Portion:

699 kcal | 51g Kohlenhydrate | 32g Fett | 47g Protein

Chili sin carne mit Maiskruste

4 Portionen – 70 Minuten Zubereitungszeit

Zutaten:

- 3 Dosen gehackte Tomaten
- 2 Zehen Knoblauch
- 2 Zwiebeln
- 1 grüne Paprika
- 1 rote Paprika
- 1 gelbe Paprika
- 1 Dose Kidneybohnen
- 1 Dose schwarze Bohnen
- 1 Dose Mais
- 1 frische Chilischote (Habanero oder Jalapeno)
- 1 TL gemahlener Kreuzkümmel
- 1 TL gemahlener Koriander
- 2 EL Kakao
- Salz und Pfeffer
- 300g Maismehl
- 2 EL Weizenmehl
- 3 TL Backpulver
- 400ml Buttermilch
- 2 Eier
- 1 TL Ahornsirup
- 2 EL Olivenöl
- 1 TL Salz
- Olivenöl

1. Den Dutch Oven präparieren: Zum Andünsten zunächst sämtliche Briketts unter dem Ofen platzieren.
2. Zwiebel schälen und würfeln, Paprika waschen und in Stücke schneiden. Die Chilischote entkernen und zerkleinern. Den Knoblauch in Scheiben schneiden.
3. Etwas Olivenöl erhitzen und darin zunächst die Zwiebelwürfel anbraten. Anschließend den Knoblauch und die Chilistücke hinzufügen und mitbraten. Mit Kreuzkümmel und Koriander würzen – die Gewürze kurz mitrösten, aber darauf achten, dass sie nicht verbrennen.
4. Tomaten, Paprika, Bohnen und Mais hinzufügen. Das Kakaopulver unterrühren.
5. Die Mischung etwa 30 Minuten lang im geschlossenen Dutch Oven köcheln lassen. Dabei 2/3 der Briketts auf den Deckel umlegen.
6. Währenddessen auf Polenta, Backpulver, Weizenmehl, Buttermilch, Eiern, Ahornsirup, 2 EL Olivenöl und 1 TL Salz einen flüssigen Teig für die Kruste anrühren.
7. Den Bohnentopf mit Salz und Pfeffer abschmecken; anschließend den Maisteig vorsichtig auf dem Gericht verteilen. Dabei darauf achten, dass alles bedeckt ist. Wenn die Teigmenge für einen kleinen Dutch Oven zu groß ist, lieber etwas übriglassen.
8. Zum Backen der Kruste nur zwei Briketts unter dem Dutch Oven belassen und alle übrigen auf den Deckel legen. Die Kruste 20 bis 30 Minuten backen, bis sie leicht gebräunt ist – wer mag, kann kurz vor Ende der Garzeit geriebenen Cheddar über die Maiskruste streuen und schmelzen lassen.

Nährwertangaben pro Portion:

699 kcal | 51g Kohlenhydrate | 32g Fett | 47g Protein

Rouladen

4 Portionen – 180 Minuten Zubereitungszeit

Zutaten:

- 4 Rinderrouladen zu je 200 g
- 4 Scheiben Frühstücksspeck
- 4 Gewürzgurken
- 3 Zwiebeln
- 1 Stange Lauch
- 100g Sellerieknolle
- 1 Karotte
- 1 EL Tomatenmark
- 2 EL Kokosöl
- 500ml Rotwein trocken
- 500ml Gemüsebrühe oder Wasser
- Senf
- Pfeffer
- Salz

1. Rouladen vorbereiten: Dazu das Fleisch gegebenenfalls unter Frischhaltefolie noch stärker flachklopfen. Die Rouladen mit Senf bestreichen und je einer Scheibe Frühstücksspeck belegen.
2. Eine Zwiebel hacken und auf die Rouladen verteilen. Gewürzgurken vierteln und ebenfalls auf die Rouladen verteilen; salzen und pfeffern.
3. Die Rouladen an den Enden umschlagen und aufrollen. Mit Zahnstochern oder Rouladennadeln verschließen.
4. Den Dutch Oven präparieren: Zum Anbraten zunächst sämtliche Briketts unter dem Ofen platzieren.
5. Suppengemüse (Sellerie, Lauch, Karotte) putzen und würfeln.
6. Kokosöl im Dutch Oven erhitzen und das Fleisch darin rundherum scharf anbraten. Anschließend die Rouladen aus dem Topf herausnehmen und das Suppengemüse hineingeben.
7. Das Gemüse rösten, bis es bräunt. Zum Schluss das Tomatenmark zugeben und ebenfalls kurz anrösten.
8. Mit Rotwein ablöschen und die Rouladen wieder in den Topf legen. Brühe oder Wasser zugießen und das Gericht mit etwa 5 Briketts unter dem Dutch Oven abgedeckt ca. 2,5 Stunden lang schmoren lassen.
9. Zwischendurch kontrollieren, ob genügend Flüssigkeit vorhanden ist. Am Ende wird der Sud passiert, mit Salz und Pfeffer abgeschmeckt und etwas Stärke gebunden. Das ergibt eine schmackhafte Sauce.

Nährwertangaben pro Portion:

623 kcal | 10g Kohlenhydrate | 35g Fett | 49g Protein

Maishähnchen mit mediterranem Gemüse

4 Portionen – 120 Minuten Zubereitungszeit

Zutaten:

- Maishähnchen (oder Bio-Hähnchen) 1 ½ kg
- 2 rote Zwiebeln
- 2 Paprika (rot und grün)
- 1 gelbe Zucchini
- 250g braune Champignons
- 200g Kirschtomaten
- 10 kleine Kartoffeln (z.B. Drillinge)
- 4 Knoblauchzehen
- 5 Zweige frischer Thymian
- 1 Lorbeerblatt
- Salz und Pfeffer
- 1 EL Olivenöl

1. Paprika, Zucchini und Pilze waschen bzw. putzen und in Stücke schneiden.
2. Tomaten und Kartoffeln waschen.
3. Die Gemüsemischung in einen mindestens 4 Liter fassenden Dutch Oven einfüllen.
4. Hähnchen waschen und trockentupfen. Mit Öl einreiben.
5. Thymian von den Zweigen trennen und das Hähnchen damit einreiben. Zusätzlich salzen und pfeffern.
6. In der Mitte der Gemüsemischung eine Vertiefung formen, in die das Hähnchen hineinpasst. Lorbeerblatt und Knoblauchzehen hinzulegen.
7. Den Deckel aufsetzen. 8 glühende Briketts unter dem Dutch Oven platzieren und 12 darauf.
8. Das Hähnchen etwa anderthalb Stunden lang backen.

Nährwertangaben pro Portion:

424 kcal | 19g Kohlenhydrate | 5g Fett | 74g Protein

Italienischer Nudeltopf

4 Portionen – 60 Minuten Zubereitungszeit

Zutaten:

- 200g Salsiccia (italienische Bratwurst)
- 1 Zucchini
- 1 Stange Sellerie
- 1 Möhre
- 1 Zwiebel
- 1 Knoblauchzehe
- 1 Dose gehackte Tomaten (800ml)
- 800ml Gemüsebrühe
- 1 TL getrockneter Oregano
- 1 TL getrocknetes Basilikum
- 400g Muschelnudeln
- 2 EL Tomatenmark
- 2 EL Olivenöl
- Salz und Pfeffer

1. Zucchini und Sellerie waschen und in dünne Scheiben schneiden. Zwiebel und Möhre schälen und würfeln.
2. Einen Dutch Oven mit ¾ der heißen Briketts unterhalb des Topfbodens vorbereiten und das Olivenöl darin erhitzen.
3. Zwiebeln im heißen Öl glasig dünsten, Sellerie und Möhren hinzugeben und einige Minuten lang weichdünsten.
4. Die Zucchini hinzugeben und kurz durchrühren.
5. Das Gemüse an den Rand des Topfes schieben und in der Mitte das Wurstbrät anbraten. Dazu den Darm an einer Seite aufschneiden und die Füllung in kleinen Klößchen aus der Wurst drücken.
6. Tomatenmark, Oregano und Basilikum mit Fleisch und Gemüse verrühren. Anschießend alles mit Brühe und gehackten Tomaten ablöschen.
7. Die Nudeln unterrühren und den Deckel mit den restlichen Briketts auflegen. Die Suppe etwa 20 bis 30 Minuten lang köcheln lassen.
8. Zwischendurch testen, ob genügend Flüssigkeit vorhanden ist und die Nudeln weich werden.

Nährwertangaben pro Portion:

325 kcal | 43g Kohlenhydrate | 11g Fett | 12g Protein

Jambalaya

4 Portionen – 60 Minuten Zubereitungszeit

Zutaten:

- 1 Hähnchenbrustfilet (200g)
- 1 Lachsfilet (200g)
- 200g Shrimps oder frisch gefangener Fisch (filetiert)
- 1 grüne Paprika
- 1 rote Paprika
- 1 Zwiebel
- 1 große Möhre
- 2 Stangen Sellerie
- 2 Knoblauchzehen
- 1 Dose gehackte Tomaten
- 2 TL Kreolische Gewürzmischung (ersatzweise Paprikapulver, Cayennepfeffer, Oregano und Thymian)
- 800ml Hühnerbrühe
- 240 g Langkornreis

1. Zwiebeln schälen und würfeln. Möhren schälen, Sellerie von groben Fäden befreien und Paprika waschen.
2. Gemüse in mundgerechte Stücke zerkleinern.
3. Den Dutch Oven mit 2/3 der heißen Briketts unter dem Topf vorbereiten und etwas Olivenöl darin heiß werden lassen.
4. Das Hähnchenfleisch und Lachsfilet in mundgerechte Würfel schneiden und im heißen Öl anbraten.
5. Die Fisch- und Fleischstücke aus dem Topf nehmen, wenn sie leicht gebräunt sind. Anschließend die Gemüsestücke hineingeben und anrösten, bis die Zwiebel glasig wird.
6. Einige Briketts entfernen und weitere 5 Minuten lang dünsten.
7. Mit Brühe und gehackten Tomaten ablöschen; Gewürze und Reis hinzufügen.
8. Etwa 20 Minuten lang köcheln lassen, bis der Reis gar ist. Gegebenenfalls Flüssigkeit nachfüllen.
9. 5 Minuten vor Garzeitende das Fleisch untermischen. Anschließend die Shrimps und das Fischfilet 5 Minuten lang im heißen Jambalaya garziehen lassen.
10. Mit Chilisauce servieren.

Nährwertangaben pro Portion:

530 kcal | 67g Kohlenhydrate | 7g Fett | 48g Protein

Krustenbraten

4 Portionen – 90-180 Minuten Zubereitungszeit

Zutaten:

- 1kg Schweinebraten mit Schwarte
- 400g braune Champignons
- 500g Rosenkohl
- 400g Kartoffeln
- 1 TL Thymian
- 1 TL Rosmarin
- 2 EL Olivenöl
- Salz und Pfeffer

1. Kartoffeln schälen und vierteln. Champignons putzen und beim Rosenkohl die Strünke kürzen und die welken Blätter entfernen.
2. Das vorbereitete Gemüse in eine Schüssel geben und mit dem Öl. Kräutern und reichlich Salz und Pfeffer vermischen.
3. Die Schwarte des Fleisches mit einem scharfen Messer rautenförmig einschneiden – dabei nicht bis hinunter zum Fleisch schneiden. Die Schwarte großzügig mit Salz einreiben.
4. Den Dutch Oven vorbereiten: Ein Drittel der Briketts unter den Topf legen und 2/3 auf den Deckel.
5. Das Gemüse einfüllen und den Braten auf dem Gemüse platzieren.
6. Den Deckel aufsetzen und den Braten etwa eine bis anderthalb Stunden lang garen. Beim Nutzen eines Kerntemperaturthermometers eine Innentemperatur von 74 Grad anstreben.
7. Innerhalb der letzten 10 Minuten der Garzeit mit einer geeigneten Zange alle Briketts auf den Deckel des Dutch Oven legen. Auf diese Weise gelingt die Kruste des Bratens besonders knusprig.

Nährwertangaben pro Portion:

443 kcal | 14g Kohlenhydrate | 11g Fett | 66g Protein

Pizza aus dem Dutch Oven Deckel

4 Portionen – 30 Minuten Zubereitungszeit

Zutaten:

- 400g gekühlter Pizzateig (Hefeteig)
- 300ml Tomatensauce oder passierte Tomaten
- 1 milde Chilischote
- 2 Knoblauchzehen
- 200g geräucherte Putenbrust
- 4 große Champignons
- 150g Babyspinat
- 200g geriebener Ziegenkäse
- 1 EL getrockneter Oregano
- Salz und Pfeffer

1. Die Pizza wird im Deckel des Dutch Oven zubereitet. Falls es sich um einen sehr kleinen Topf handelt, muss die Zutatenmenge halbiert werden bzw. zwei Pizzen nacheinander gebacken werden.
2. Den Deckel des Dutch Oven mit der Unterseite nach oben legen und mit Mehl ausstreuen.
3. Den Pizzateig gleichmäßig im Deckel ausrollen. Anschließend mit Tomatensauce, Chili, gepresstem Knoblauch, Oregano, Putenbrust, in Scheiben geschnittenen Champignons und Spinat belegen.
4. Mit dem Ziegenkäse betreuen und gegebenenfalls mit etwas Olivenöl beträufeln.
5. Den umgedrehten Dutch Oven über den Deckel stülpen und die heißen Briketts verteilen: Etwa 1/3 unter die Pizza und 2/3 darüber.
6. 20 bis 25 Minuten backen lassen, bis der Teig am Rand anfängt knusprig und braun zu werden und der Käse zerlaufen ist.
7. Da die Pizza im Deckel des Topfes liegt, kann man sie nach dem Garen leicht herausnehmen. Probieren Sie weitere Pizza-Varianten mit Ihren persönlichen Lieblingszutaten!

Nährwertangaben pro Portion:

481 kcal | 46g Kohlenhydrate | 18g Fett | 34g Protein

Spargelrisotto

4 Portionen – 45 Minuten Zubereitungszeit

Zutaten:

- 500g grüner Spargel
- 1 Zwiebel
- 2 EL Olivenöl
- 200g Risottoreis (z.B. Arborio)
- 1 Liter Gemüsebrühe
- 100ml Weißwein
- 100g Rucola
- 1 große Knoblauchzehe
- 5 EL Olivenöl
- 4 EL Pinienkerne
- 6 EL Parmesan
- Etwas schwarzer Pfeffer

1. Den Spargel waschen und die holzigen Enden abschneiden. Salzwasser im Dutch Oven erhitzen und und die Stangen etwa 5 Minuten garen. Anschließend mit Eiswasser abschrecken und in etwa 2 cm große Stücke schneiden.
2. Die Zwiebel schälen und fein würfeln.
3. Einen Esslöffel Öl im Dutch Oven erhitzen und die Zwiebelwürfel darin andünsten.
4. Den Risottoreis zu den Zwiebelwürfeln ins heiße Fett streuen und 2-3 Minuten lang mit anschwitzen lassen.
5. Eine Suppenkelle der Gemüsebrühe aufgießen und das Gericht abgedeckt und mit 2/3 der Briketts auf dem Deckel köcheln lassen, bis der Reis die Flüssigkeit aufgenommen hat. Auf diese Weise nach und nach die gesamte Menge Gemüsebrühe und den Weißwein hinzufügen.
6. Währenddessen die Pinienkerne in einer Pfanne ohne Fett anrösten. Den Rucola waschen und trockenschleudern.
7. Wenn das Risotto nach 30-35 Minuten Garzeit fertig ist, Spargel, zerkleinerten Rucola, das restliche Olivenöl und den geriebenen Parmesan unterrühren.

Nährwertangaben pro Portion:

334 kcal | 48g Kohlenhydrate | 21g Fett | 17g Protein

Spinatquiche

8 Portionen – 65 Minuten Zubereitungszeit

Zutaten:

- 300g Weizenmehl
- 4 EL kaltes Wasser
- 200g Margarine
- ½ TL Salz
- 250g Spinat
- 200g Champignons
- 100g Kirschtomaten
- 1 kleine Zwiebel
- 1 Knoblauchzehe
- 2 EL Olivenöl
- Salz, Pfeffer und Muskat
- 350g Seidentofu
- 120ml Sojadrink
- 2 EL Hefeflocken
- 1 EL Speisestärke
- 1 TL Salz
- 1 TL Tahin (Sesampaste)
- ½ TL Curcuma

1. Mehl, Salz, Wasser und die in kleine Stücke geschnittene kalte Margarine rasch zu einem homogenen Mürbeteig verkneten.
2. Den Teig in Frischhaltefolie einwickeln und für 1 Stunde im Kühlschrank ruhen lassen.
3. Blattspinat waschen und hacken.
4. Champignons putzen und in Scheiben schneiden. Zwiebel und Knoblauch und fein würfeln.
5. Das Olivenöl im Deckel des Dutch Oven erhitzen und die Champignons darin anbraten. Zwiebeln, Knoblauch und Spinat hinzufügen und mit Pfeffer, Salz und geriebener Muskatnuss abschmecken.
6. Das Gemüse in einer Schüssel beiseitestellen und den Dutch Oven Deckel mit Küchenpapier auswischen.
7. Für den Guss Tofu mit Soja, Hefeflocken, Speisestärke, Salz und Gewürzen zu einer glatten Masse pürieren.
8. Den Teig aus dem Kühlschrank nehmen, etwa 5 mm stark ausrollen und den Dutch Oven-Deckel damit auslegen. Dabei einen Rand formen.
9. Die Gemüsefüllung mit den geviertelten Kirschtomaten auf dem Teig verteilen und den Tofuguss darüber gießen.
10. Die Quiche backen, indem Sie den Dutch Oven über Kopf auf den Deckel stülpen. Dabei verteilen Sie 2/3 der Briketts oben auf dem Topfboden und 1/3 unter dem Deckel. Etwa 35-40 Minuten lang backen.

Nährwertangaben pro Portion:

412 kcal | 29g Kohlenhydrate | 27g Fett | 13g Protein

Gefüllte Auberginen

2-4 Portionen – 75 Minuten Zubereitungszeit

Zutaten:

- ½ l Tomatensauce
- 2 große Auberginen
- 5 große Tomaten
- 3 EL Kapern
- 10 Sardellenfilets
- 2 Zehen Knoblauch
- 2 Scheiben Weißbrot
- 80g Fetakäse
- 80g Parmesan
- Frischer Oregano
- Olivenöl,
- Salz und Pfeffer

1. Auberginen waschen und mit einem Teelöffel aushöhlen.
2. Den Dutch Oven Deckel als Pfanne mit etwas Olivenöl erhitzen und das gehackte Fruchtfleisch darin anbraten. Mit Salz, Pfeffer und Oregano würzen.
3. Tomaten vierteln, entkernen und würfeln.
4. Brot, Sardellen, Kapern und Fetakäse ebenfalls würfeln und mit den Tomaten und dem Auberginenfruchtfleisch mischen.
5. Die Masse mit Oregano, Salz und Pfeffer abschmecken und in die ausgehöhlten Auberginenhälften einfüllen.
6. Die Auberginen in den Dutch Oven setzen und die Tomatensauce angießen. Anschließend mit 2/3 der Briketts auf dem Decken und 1/3 der Briketts unter dem Topf etwa 60 Minuten garen lassen.
7. Anschließend den Parmesan reiben und über die Auberginenhälften streuen. Noch einmal 10 Minuten lang überbacken lassen; dabei alle Briketts außer 2 Stück auf den Deckel legen.

Nährwertangaben pro Portion:

339 kcal | 30g Kohlenhydrate | 13g Fett | 19g Protein

Gefüllte Zwiebeln

4 Portionen – 60 Minuten Zubereitungszeit

Zutaten:

- 8 Zwiebeln
- 500g Putenhackfleisch oder Tartar
- frischer Thymian
- 1 Ei
- 250ml Brühe
- 125ml saure Sahne
- Salz und Pfeffer

1. Die Zwiebeln in einem Topf mit Salzwasser aufsetzen und etwa 5 Minuten lang vorkochen.
2. Aus dem Hackfleisch, Ei, Thymian, Salz und Pfeffer eine Füllung mischen.
3. Von den vorgekochten Zwiebeln einen Deckel abschneiden und sie bis auf die äußeren zwei bis drei Schichten aushöhlen.
4. Füllung auf die Zwiebeln verteilen und sie in einen Dutch Oven setzen.
5. Brühe und Sahne verrühren und um die Zwiebeln herum angießen – eventuell etwas vom Zwiebelkochwasser zum Verlängern nutzen.
6. Das übrige Zwiebelfruchtfleisch um die gefüllten Zwiebeln herum verteilen.
7. Das Gericht mit 2/3 des Briketts auf dem Deckel und 1/3 der Briketts unter dem Dutch Oven etwa 45 Minuten lang garen.
8. Wer mag, bestreut die Zwiebeln 10 Minuten vor Ende der Garzeit mit geriebenem Käse und lässt sie goldbraun überbacken.

Nährwertangaben pro Portion:

283 kcal | 12g Kohlenhydrate | 10g Fett | 35g Protein

Lachs mit Nusskruste

4 Portionen – 40 Minuten Zubereitungszeit

Zutaten:

- 4 Lachsfilets (à 200g) oder eine Lachsseite
- 1 unbehandelte Zitrone
- 1 Knoblauchzehe
- 1 Bund glatte Petersilie
- 3 Stängel Salbei
- 50g Walnüsse
- 30g Parmesan
- 1 EL weiche Butter
- Frisch gemahlener Pfeffer und Salz

1. Die Fischfilets waschen und trockentupfen.
2. Die Lachsstücke in den eingefetteten Dutch Oven legen.
3. Die Kräuter und die Walnüsse sehr feinhacken; den Parmesan reiben.
4. Mit den Kräutern, den Nüssen, dem Parmesan, dem gepressten Knoblauch, dem Schalenabrieb der Zitrone und der weichen Butter die Masse für die Kruste herstellen. Die Mischung abschließend mit frisch gemahlenem Pfeffer und Salz würzen.
5. Ein Viertel der Kräutermischung auf jedes Lachsfilet streichen und die Kruste mit den Händen leicht andrücken.
6. Etwa 2/3 der Briketts auf den Dutch Oven legen und 1/3 darunter. Den Fisch etwa 20 Minuten lang im geschlossenen Dutch Oven backen lassen.

Nährwertangaben pro Portion:

537 kcal | 2g Kohlenhydrate | 39g Fett | 45g Protein

Weihnachtliche Ente

4 Portionen – 3-4 Stunden Zubereitungszeit

Zutaten:

- 1 kleine Ente (etwa 1 ½ bis 2 Kilo)
- 1 kleiner Kopf Rotkohl (500g)
- 2 Zweige frischer Thymian
- 1 Bio-Orange
- 2 Äpfel
- 1 TL Zimt
- 1 TL Anissamen
- ½ TL Muskatnuss
- Salz und Pfeffer

1. Ente waschen und überschüssiges Fett aus dem Bauchraum entfernen.
2. Orange waschen und samt Schale in Stücke zerteilen. Äpfel entkernen und ebenfalls mundgerecht zerteilen. In einer Schüssel die Orange und die Äpfel mit Salz, Pfeffer, Zimt, Anis und Muskat mischen.
3. Orangen und Apfelstücke in den Bauchraum der Ente füllen.
4. Rotkohl waschen und in Streifen schneiden.
5. Rotkohl in den Dutch Oven füllen und die Ente darauf betten. Eventuelle Reste der Füllung einfach dazulegen.
6. Etwa ¼ der Briketts unter den Topf platzieren und den Rest auf den Deckel. Die Ente etwa 3 Stunden lang schmoren lassen. Ab und an die Ente mit dem sich bildenden Sud begießen.
7. Wenn Sie die Oberhitze in den letzten 10 Minuten der Garzeit verstärken und die Haut der Ente mit etwas Bier oder Honig einpinseln, gerät sie besonders knusprig.

Nährwertangaben pro Portion:

637 kcal | 13g Kohlenhydrate | 44g Fett | 48g Protein

Paella

4 Portionen – 40 Minuten Zubereitungszeit

Zutaten:

- 200g Garnelen
- 8 Hähnchen-unterschenkel
- 200g Chorizo
- 1 rote Pfefferschote
- 2 Zwiebeln
- 1 Faden Safran
- 250g Arborio-Reis
- 2 Knoblauchzehen
- 400ml Gemüsebrühe
- 200g Erbsen
- 2 EL Olivenöl
- Salz und Pfeffer

1. Knoblauch und Zwiebel schälen und hacken. Pfefferschote entkernen und zerkleinern.
2. Den Dutch Oven vorbereiten: Dazu ½ der Briketts unter den Topfboden legen und die andere Hälfte auf den Deckel.
3. Das Öl im Topf heiß werden lassen und die Hähnchenschenkel von allen Seiten darin knusprig braten. Anschließend herausnehmen.
4. Die Chorizo in Würfel schneiden und ebenfalls im Dutch Oven anbraten. Anschließend die Hähnchenschenkel wieder hinzugeben und den Reis einstreuen.
5. Weitere 5 Minuten lang dünsten und anschließend mit Brühe ablöschen.
6. Safran einrühren und etwa 35 Minuten köcheln lassen, bis der Reis weich ist. Gegebenenfalls zwischendurch etwas Flüssigkeit zugeben.
7. Fünf Minuten vor Ende der Garzeit die Garnelen und die Erbsen unterrühren.

Nährwertangaben pro Portion:

743 kcal | 53g Kohlenhydrate | 34g Fett | 76g Protein

Hackbällchen

4 Portionen – 40 Minuten Zubereitungszeit

Zutaten:

- 800g Rinder-Hackfleisch
- 2 Eier
- 3 EL Röstzwiebeln
- 3 EL Gewürzmischung (z.B. die von „Pulled Pork“)
- 3 Zwiebeln
- 2 Knoblauchzehen
- 4 Paprika
- 1 Glas Tomatenpaprika in Streifen
- 800ml passierte Tomaten
- 5 EL Tomatenmark
- 2 Zweige Thymian
- Salz und Pfeffer
- Olivenöl

1. Aus Hackfleisch, Eiern, Röstzwiebeln und der Gewürzmischung einen Teig erstellen. Daraus kleine Bällchen herstellen.
2. Die Zwiebeln schälen und würfeln. Die Paprika entkernen und klein schneiden.
3. Öl im Dutch Oven erhitzen und die Hackbällchen darin rundherum anbraten, bis sie bräunen.
4. Die Bällchen aus dem Dutch Oven herausnehmen und die Zwiebel im verbliebenen Fett glasig dünsten.
5. Knoblauch dazupressen, Tomatenmark unterrühren und die Paprikastücke mit hineingeben. Einige Minuten lang dünsten.
6. Den Thymian hinzufügen und mit den passierten Tomaten aufgießen. Zum Schluss die Hackbällchen wieder in den Topf geben.
7. Etwa 30 bis 45 Minuten lang abgedeckt köcheln lassen und dabei die Hälfte der Briketts auf den Deckel positionieren.
8. Mit Salz und Pfeffer abschmecken.

Nährwertangaben pro Portion:

591 kcal | 14g Kohlenhydrate | 35g Fett | 54g Protein

Lammpilaw

4 Portionen – 45 Minuten Zubereitungszeit

Zutaten:

- 2 EL Kokosöl
- 700g Lammfleisch (z.B. Schulter)
- 2 Zwiebeln
- 1 TL gemahlener Kreuzkümmel
- 200g Risottoreis
- 1 EL Tomatenmark
- 1 TL Safranfäden
- 850 ml Hühnerbrühe oder Wasser
- 120g getrocknete Aprikosen
- 2 EL Sultaninen
- Salz und Pfeffer

1. Aprikosen halbieren und am Vortag einweichen.
2. Lamm in etwa 2,5 Zentimeter große Würfel schneiden.
3. Öl im Dutch Oven erhitzen und das Fleisch portionsweise scharf anbraten. Fleisch aus dem Topf nehmen.
4. Zwiebeln würfeln und im Fleischfett glasig dünsten. Anschließend Reis, Aprikosen, Sultaninen, Kreuzkümmel, Tomatenmark und Safran hinzufügen und ebenfalls einige Minuten lang rösten.
5. Fleisch wieder untermischen und das Gericht mit Brühe oder Wasser aufgießen.
6. Im abgedeckten Dutch Oven (1/3 der Briketts unten, 2/3 der Briketts auf dem Deckel) das Gericht etwa 30 Minuten lang garen, bis der Reis die Flüssigkeit vollständig aufgesogen hat.

Nährwertangaben pro Portion:

612 kcal | 61g Kohlenhydrate | 36g Fett | 43g Protein

Sauerkraut-Kasslertopf

6 Portionen – 120 Minuten Zubereitungszeit

Zutaten:

- 1 kg Kassler (mageres Stück)
- 800g Sauerkraut
- 1 rote Zwiebel
- 1 EL Kümmel
- 1 TL Pfefferkörner
- 1 Apfel
- 4 Lorbeerblätter
- 1 EL Kokosöl
- etwas Apfelsaft
- Salz

1. Zwiebel schälen und würfeln. Apfel entkernen und in Stücke schneiden.
2. Kokosöl im Dutch Oven erhitzen und die Zwiebelwürfel darin andünsten.
3. Apfel, Kümmel, Pfefferkörner und Lorbeerblätter kurz mitbraten.
4. Sauerkraut mit in den Topf geben und den Kasseler darauflegen.
5. Einen Schuss Apfelsaft angießen und den Deckel auflegen. 2/3 der Briketts dabei auf dem Deckel platzieren und 1/3 unter dem Topf.
6. Nach einer Stunde können nach Belieben noch geschälte Kartoffeln zum Kasseler gegeben werden. In diesem Fall braucht das Gericht etwas mehr Flüssigkeit (Brühe, Wasser).
7. Insgesamt benötigt der Kassler etwa 2 Stunden Garzeit.
8. Tipp: Auch mit Ananasstücken schmeckt das Sauerkraut fruchtig-delikat.

Nährwertangaben pro Portion:

324 kcal | 7g Kohlenhydrate | 16g Fett | 37g Protein

Zwiebelringe mit Guacamole

150 Minuten Zubereitungszeit

Zutaten:

- 2 große Zwiebeln
- 2 Avocados
- Saft einer Limette
- 1 Tomaten
- 2 Knoblauchzehen
- 1 Chilischote
- Salz
- Mehl
- Dinkelpaniermehl oder Pankomehl
- 2 Eier
- Erdnussöl

1. Die Zwiebeln in etwa einen Zentimeter breite Ringe schneiden und sie einzeln auf einem mit Backpapier ausgelegten Backblech ausbreiten.
2. Das Fruchtfleisch der Avocados auslösen und mithilfe einer Gabel zerdrücken.
3. Die Masse mit Limettensaft und Salz abschmecken.
4. Zusätzlich die durchgepressten Knoblauchzehen, die zerkleinerte Chilischote und die gewürfelte Tomate unterrühren.
5. Die Guacamole in den Zwiebelringen verteilen und die gefüllten Ringe etwa 2 Stunden lang in die Kühltruhe stellen.
6. Die Eier in einer Schüssel verschlagen, das Paniermehl und das Mehl jeweils auf weitere Schalen verteilen.
7. Die vorgefrorenen Zwiebelringe erst in Mehl, dann in Ei und schließlich in Panko- oder Paniermehl wenden.
8. Erdnussöl in einem Dutch Oven erhitzen – das funktioniert am besten auf einem Gasbrenner. Das Öl muss so bemessen sein, dass die Zwiebelringe schwimmend ausbacken. Steigen an einem hineingehaltenen Holzlöffel Bläschen auf, hat das Fett die richtige Temperatur.
9. Die Zwiebelringe portionsweise frittieren; besonders knusprig geraten sie, wenn man sie zweifach ausbackt. Anschließend auf Küchenpapier abtropfen lassen.

Nährwertangaben pro Portion:

219 kcal | 13g Kohlenhydrate | 16g Fett | 5g Protein

Pizzaschnecken

8 Portionen – 45 Minuten Zubereitungszeit

Zutaten:

- 1 Packung Hefeteig aus der Kühltheke
- 1 Dose gehackte Tomaten oder Tomatenpüree
- Italienische Kräuter (TK-Produkt)
- 1 Knoblauchzehe
- Zutaten nach Belieben: z.B. Spinat, Pilze, Zwiebeln und Fetakäse

1. Die Tomaten mit italienischen Kräutern und der durchgepressten Knoblauchzehe verrühren.
2. Den Pizzateig ausbreiten und mit der Tomatensauce bestreichen.
3. Anschließend mit den gewünschten Zutaten belegen. Eine vegetarische Variante erhält man zum Beispiel mit Babyspinat, dünn geschnittenen Zwiebeln und Champignons und Fetakäse.
4. Anschließend die Pizza dünn mit Olivenöl beträufeln und von der langen Seite her zu einer Rolle aufrollen.
5. Den Dutch Oven mit Backpapier auslegen und mit 1/3 der Briketts unterhalb und 2/3 der Briketts oberhalb des Topfes vorheizen.
6. Die Pizzarolle in 8 bis 10 Schnecken schneiden und diese in den Dutch Oven hineinlegen.
7. Etwa 30 Minuten lang backen.

Nährwertangaben pro Portion:

163 kcal | 25g Kohlenhydrate | 4g Fett | 6g Protein

Gebackener Rosenkohl

Vegan

4 Portionen – 45 Minuten Zubereitungszeit

Zutaten:

- 1kg Rosenkohl
- 4 EL Olivenöl
- 1 EL Senf
- 3 EL Honig oder Ahornsirup
- Gemahlene Muskatnuss
- Salz, Pfeffer

1. Den Rosenkohl waschen, von welken Blättern befreien und den Strunk kreuzweise einschneiden.
2. In einer Schüssel mit Senf, Honig und Öl vermengen. Mit Salz, Pfeffer und Muskat würzen.
3. Den Dutch Oven erhitzen (1/3 der Briketts unter dem Topf und 2/3 der Briketts auf dem Deckel) und den Rosenkohl einfüllen.
4. Zugedeckt etwa 30 Minuten lang backen; dabei einmal wenden.

Nährwertangaben pro Portion:

196 kcal | 12g Kohlenhydrate | 11g Fett | 10g Protein

Gewürz-Süßkartoffeln

4 Portionen – 40 Minuten Zubereitungszeit

Zutaten:

- 500g Süßkartoffeln
- 2 EL Ahornsirup
- 1 TL Muskatnuss, gemahlen
- 1 TL Zimt, gemahlen
- 1 TL Ingwer, gemahlen
- ½ TL Piment, gemahlen
- 2 EL Kokosöl
- 75ml Orangensaft

1. Süßkartoffeln schälen und in Spalten schneiden.
2. Kokosöl verflüssigen und mit Ahornsirup und den Gewürzen mischen.
3. Die Kartoffelspalten in einer großen Schüssel mit der Gewürzmischung marinieren.
4. Den Dutch Oven vorbereiten: Dabei ein Drittel der Briketts unter den Topfboden legen und den Rest auf den Deckel.
5. Süßkartoffeln in den Dutch Oven einfüllen und etwa 20 Minuten lang backen.

Nährwertangaben pro Portion:

208 kcal | 37g Kohlenhydrate | 5g Fett | 2g Protein

Rosmarinkartoffeln

4 Portionen – 70 Minuten Zubereitungszeit

Zutaten:

- 1 kg Kartoffeln
- 2 Knoblauchzehen
- 4 EL Olivenöl
- 3 Zweige Rosmarin
- Salz und Pfeffer

1. Den Knoblauch durchpressen, Rosmarin hacken – beides in einer Schüssel mit dem Olivenöl vermischen.
2. Kartoffeln schälen und achteln.
3. Die Kartoffeln in der Schüssel gründlich mit der Marinade durchmischen; zusätzlich salzen und pfeffern.
4. In den Dutch Oven füllen, der mit ¼ der Briketts unter dem Topf und ¾ der Briketts auf dem Deckel vorbereitet wurde.
5. Etwa 60 Minuten lang backen – dabei jeweils nach 20 Minuten mit einem Pfannenwender die Kartoffeln drehen.

Nährwertangaben pro Portion:

265 kcal | 37g Kohlenhydrate | 10g Fett | 5g Protein

Kartoffel-Zwiebel-Tarte

4 Portionen – 45 Minuten Zubereitungszeit

Zutaten:

- 4 große Kartoffeln
- 150g Zwiebeln
- 50g Gruyère, gerieben
- 3 EL Olivenöl
- Salz und Pfeffer

1. Kartoffeln schälen und in dünne Scheiben schneiden.
2. Zwiebeln schälen und in Ringe schneiden.
3. Dutch Oven über der Glut vorheizen.
4. Kartoffelscheiben in zwei Portionen teilen. Den Boden des Topfes mit einer Lage Kartoffelscheiben bedecken.
5. Zwiebelscheiben auf den Kartoffeln platzieren und mit der Hälfte des Olivenöls besprenkeln. Salzen und pfeffern.
6. Die zweite Hälfte Kartoffeln bildet den Abschluss. Mit dem Gruyère bestreuen und dem restlichen Öl beträufeln.
7. Deckel auflegen und mit Briketts bestücken.
8. Die Kartoffeltarte etwa 45 Minuten lang garen.

Nährwertangaben pro Portion:

203 kcal | 20g Kohlenhydrate | 11g Fett | 6g Protein

Süßkartoffel-Kürbis-Püree Vegan

4 Portionen – 40 Minuten Zubereitungszeit

Zutaten:

- 1 Hokkaidokürbis
- 2 Süßkartoffeln
- 2 Zwiebeln
- Frischer Thymian
- Muskat
- Salz und Pfeffer
- Olivenöl

1. Den Kürbis waschen, vom Kerngehäuse befreien und samt Schale in grobe Würfel schneiden.
2. Süßkartoffeln schälen und in Stücke zerteilen. Die Zwiebeln schälen und fein würfeln.
3. Etwas Öl im Dutch Oven erhitzen und die Zwiebeln darin glasig dünsten. Die Kürbis- und Süßkartoffelstücke mit hineingeben und mit Thymian, Muskat, Salz und Pfeffer würzen.
4. Etwas Wasser oder Gemüsebrühe angießen und alles abgedeckt ca. 30 Minuten lang garen lassen.
5. Anschließend mit einem Kartoffelstampfer zerkleinern.

Nährwertangaben pro Portion:

163 kcal | 45g Kohlenhydrate | 4g Fett | 5g Protein

Reis und Bohnen

2-3 Portionen – 60 Minuten Zubereitungszeit

Zutaten:

- 1 EL Olivenöl
- 1 Knoblauchzehe
- 1 kleine Zwiebel
- ½ rote Paprika
- 100g Maiskörner
- 1 Dose Kidneybohnen
- 400ml Gemüsebrühe
- 100g Reis
- 1 Lorbeerblatt
- 1 TL getrockneter Thymian
- 1 TL Cayennepfeffer
- Salz
- ½ Bund frischer Koriander

1. Dutch Oven vorheizen.
2. Knoblauch und Zwiebel schälen und fein hacken. Paprika waschen und würfeln.
3. Olivenöl im Dutch Oven erhitzen und Gemüse darin 3 bis 5 Minuten lang andünsten.
4. Mais, Kidneybohnen und Brühe hinzugeben und warten, bis die Brühe kocht.
5. Reis, Lorbeerblatt, Thymian, Cayennepfeffer und Salz hinzugeben und gut umrühren.
6. Das Gericht etwa 40 Minuten lang mit aufgesetztem Deckel und aufgelegten Briketts kochen lassen. Dabei etwa die Hälfte der Briketts auf den Deckel legen und die andere Hälfte unter dem Topf belassen.
7. Zum Schluss mit frischem Koriander verfeinern.

Nährwertangaben pro Portion:

344 kcal | 58g Kohlenhydrate | 6g Fett | 12g Protein

Maisbrot aus dem Dutch Oven

8 Portionen – 60 Minuten Zubereitungszeit

Zutaten:

- 125g Maismehl
- 125g Weizenmehl
- 4 EL Agavendicksaft
- 1 TL Backpulver
- 250ml fettarme Milch
- 1 Ei
- 5 EL Pflanzenöl

1. Den Dutch Oven entweder ausfetten oder mit Backpapier auslegen.
2. Den Topf über der Glut vorheizen. Dabei ein Drittel der heißen Briketts unter dem Topf platzieren und zwei Drittel auf dem Deckel.
3. Sämtliche Zutaten in einer Rührschüssel zu einem homogenen Teig vermischen.
4. Den Teig vorsichtig in den Dutch Oven einfüllen und den Deckel samt Briketts aufsetzen.
5. Etwa 30 Minuten lang backen lassen und dabei den Dutch Oven gelegentlich drehen, damit das Brot von allen Seiten her gleichmäßig bräunt.
6. Mit einem Schaschlikspieß aus Holz das Brot einstechen und prüfen, ob feuchter Teig am Stäbchen hängenbleibt.

Nährwertangaben pro Portion:

186 kcal | 34g Kohlenhydrate | 7g Fett | 2g Protein

Schnelles Walnussbrot

12 Portionen – 65 Minuten Zubereitungszeit

Zutaten:

- 150g Roggenvollkorn-mehl
- 350g Weizenmehl Type 405
- 1 Würfel Hefe oder 1 Päckchen Trockenhefe
- 1 ½ EL Honig
- 350ml warmes Wasser (etwa 30-37°)
- 125g Walnüsse, gehackt
- 6 EL Rosinen
- 2 Zweige Rosmarin, gehackt
- 1 TL Salz
- 1 ½ EL Balsamico-Essig
- etwas frisch gemahlener Pfeffer

1. Dutch Oven mit Backpapier auslegen und auf ein Drittel der heißen Briketts stellen. Die übrigen Briketts auf den Deckel des Topfes legen.
2. Den Honig und die Hefe im temperierten Wasser vermischen und die Mischung 10-15 Minuten lang an einem warmen Platz stehenlassen.
3. Inzwischen Mehl, Walnüsse, Rosinen, Rosmarin, Salz und Pfeffer in einer Rührschüssel vermengen.
4. Anschließend die flüssige Hefemischung und den Essig zu den trockenen Zutaten gießen und alles in einer Küchenmaschine oder mit einem Handrührgerät zu einem zähen Teig kneten.
5. Die Teigmasse sofort in den warmen Dutch Oven einfüllen und den Teig nicht gehenlassen, sondern direkt mit aufgelegtem Deckel etwa 50 Minuten lang backen.
6. Zwischendurch den Garzustand per Einstechen mit einem Holzstäbchen prüfen. Bei Bedarf die Garzeit verlängern oder verkürzen.

Nährwertangaben pro Portion (bei 12 Scheiben):
239 kcal | 38g Kohlenhydrate | 7g Fett | 6g Protein

Zwiebel-Dinkel-Brötchen

8 Portionen – 50 Minuten Zubereitungszeit

Zutaten:

- 250g Dinkelvollkornmehl
- 2 EL neutrales Pflanzenöl
- 1 Ei
- 250g Magerquark
- 1 große Zwiebel
- ½ TL Koriander
- ½ TL Kardamom
- 1 TL getrockneter Thymian
- ½ TL Pfeffer
- ½ TL Salz

1. Die Zwiebel schälen und würfeln. Das Öl in einer kleinen Pfanne erhitzen und die gewürfelte Zwiebel zusammen mit den Gewürzen und Kräutern darin andünsten.
2. Den Dutch Oven mit Backpapier auslegen und auf den glühenden Briketts platzieren. Dabei nur ein Viertel bis ein Drittel der Kohlen unter den Topf legen, während der Rest auf den Deckel gelegt wird.
3. Mehl und Backpulver in einer Rührschüssel vermischen und mit Quark, Ei und der Zwiebel-Gewürzmischung daraus einen glatten Teig herstellen. Eventuell etwas Wasser hinzufügen, falls die Masse zu fest ist.
4. Aus dem Teig acht Brötchen formen, dafür am besten die Hände anfeuchten.
5. Die Brötchen nebeneinander in den Dutch Oven setzen und sie mit aufgelegtem Deckel etwa 30 bis 35 Minuten lang backen.

Nährwertangaben pro Portion (bei 8 Brötchen):
164 kcal | 22g Kohlenhydrate | 4g Fett | 9g Protein

Schnellgerührte Brötchen

60 Minuten Zubereitungszeit

Zutaten:

- 50g Margarine
- 120ml warmes Wasser
- 240g Mehl
- 65g Milchpulver
- 2 EL Honig
- 1 Päckchen Backpulver
- ½ TL Salz

1. Den Dutch Oven auf glühenden Briketts aufheizen. Dazu etwa ein Drittel der Briketts unter den Topf legen und den Rest auf den Deckel.
2. Margarine in den heißen Dutch Oven geben und schmelzen lassen.
3. Vorsichtig mit feuerfesten Handschuhen den Dutch Oven schwenken, um das Innere mit Fett zu benetzen.
4. Die überschüssige Margarine in eine Rührschüssel gießen.
5. Das warme Wasser und den Honig mit der Margarine mischen.
6. In einer anderen Schüssel Mehl, Backpulver und Milchpulver mischen und das Margarinewasser langsam zugießen. Alles zu einem homogenen Teig verarbeiten.
7. Mit einem Esslöffel kleine Teigportionen in den heißen Dutch Oven geben.
8. Den Deckel auflegen und die Brötchen 15 bis 20 Minuten lang backen lassen.

Nährwertangaben pro Portion:

193 kcal | 26g Kohlenhydrate | 7g Fett | 5g Protein

Protein-Brot

8 Portionen – 60 Minuten Zubereitungszeit

Zutaten:

- 30g Chia-Samen
- 70g Leinsamen
- 75g Haferflocken
- 75g gemahlene Mandeln
- 300g Quark (Magerstufe)
- 6 Eiweiß
- 1 TL Salz
- 1 Päckchen Backpulver
- 2 EL Dinkelmehl

1. Den Dutch Oven entweder ausfetten oder mit Backpapier auslegen.
2. Den Topf über der Glut vorheizen. Dabei ein Viertel der heißen Briketts unter dem Topf platzieren und drei Viertel auf dem Deckel.
3. Den Quark und das Eiweiß sorgfältig verrühren.
4. Alle anderen Zutaten zugeben und etwa 5 bis 10 Minuten lang zu einem gleichmäßigen Teig kneten – am besten mit der Küchenmaschine.
5. Den Teig zu einem Brotlaib formen und in den Dutch Oven legen.
6. Den Deckel aufsetzen und etwa 50 Minuten lang backen lassen.
7. Zwischendurch mit einem Schaschlikspieß aus Holz prüfen, ob noch feuchter Teig am Stäbchen hängenbleibt.

Nährwertangaben pro Portion (bei 8 Portionen):
195 kcal | 11g Kohlenhydrate | 10g Fett | 15g Protein

Bier-Brot

20 Portionen – 60 Minuten Zubereitungszeit

Zutaten:

- 1kg Dinkelmehl
- 500ml Wasser (lauwarm)
- 1 ½ EL Meersalz
- 1 Würfel frische Hefe
- 1 TL Honig
- 1 kleine Flasche Bier (330ml), nicht gekühlt

1. Die Hälfte des Wassers mit Hefe und Honig mischen und an einen warmen Platz stellen, bis Bläschen aufsteigen.
2. Das Mehl in einer Rührschüssel mit Salz mischen. Anschließend mit der Hefemischung, dem Bier und dem übrigen Wasser grob zu einem Teig verrühren.
3. Die Teigmasse an einem warmen Platz über Nacht gehen lassen.
4. Den Dutch Oven mit Backpapier auslegen.
5. Dutch Oven mit einem Viertel der heißen Briketts unter dem und drei Vierteln der Briketts auf dem Deckel vorheizen.
6. Den Brotteig mit Mehl bestäuben und ein paar Mal durchwalken. Anschließend in den Dutch Oven gleiten lassen.
7. Den Deckel aufsetzen und etwa 50 Minuten lang backen.
8. Zwischendurch mit einem Holzstäbchen die Garprobe machen und die Backzeit gegebenenfalls anpassen.

Nährwertangaben pro Portion (bei 20 Scheiben):
177 kcal | 32g Kohlenhydrate | 1g Fett | 7g Protein

Kartoffelbrot

20 Portionen – 80 Minuten Zubereitungszeit

Zutaten:

- 500g Kartoffeln
- 500g Mehl
- 1 Ei
- ½ Würfel Hefe
- 150ml warme Milch
- 1 TL Salz

1. Die Milch erwärmen und die Hefe zusammen mit zwei EL vom Mehl darin auflösen. An einen warmen Platz stellen.
2. Die Kartoffeln schälen und reiben.
3. Die Hefemilch mit Mehl, Salz, Ei und Kartoffeln zu einem Teig verkneten. An einem warmen Platz gehen lassen, bis der Dutch Oven aufgeheizt ist.
4. Den Dutch Oven mit Backpapier auslegen.
5. Dutch Oven mit einem Viertel der heißen Briketts unter dem Topf und drei Vierteln der Briketts auf dem Deckel vorheizen.
6. Den Brotteig in den Dutch Oven einfüllen und den Deckel aufsetzen.
7. Etwa 50 bis 60 Minuten lang backen.
8. Zwischendurch mit einem Holzstäbchen die Garprobe machen und die Backzeit gegebenenfalls anpassen.

Nährwertangaben pro Portion (bei 20 Scheiben):

112 kcal | 22g Kohlenhydrate | 1g Fett | 4g Protein

Oliven-Focaccia

8 Portionen – 60 Minuten Zubereitungszeit

Zutaten:

- 500g Weizenmehl
- 1 Würfel frische Hefe
- 250ml warmes Wasser
- 50g grüne Oliven, entsteint
- 50 schwarze Oliven, entsteint
- 3 Zweige Rosmarin
- 1 TL Salz
- 5 EL Olivenöl
- Grobes Meersalz zum Bestreuen
- 2 EL Olivenöl zum Beträufeln

1. Die Hefe zusammen mit 2 EL Mehl im warmen Wasser vollständig auflösen.
2. Das restliche Mehl mit dem Salz in einer Rührschüssel mischen und in der Mitte eine Mulde formen. Anschließend das Hefewasser und 5 EL Olivenöl hineingeben und alles zu einem glatten Teig verkneten.
3. Den Teig auf einer bemehlten Arbeitsplatte etwa 10 Minuten lang gut durchkneten und anschießend abgedeckt an einem warmen Ort etwa 1 Stunde lang gehen lassen.
4. Währenddessen die Oliven zerkleinern, den Rosmarin waschen, die Nadeln von den Stängeln abstreifen und kleinhacken.
5. Den Dutch Oven vorheizen: Dabei wird der Deckel als „Boden“ verwendet und etwa ein Viertel der Briketts unter ihm platziert. Auf dem umgedrehten Topf finden die restlichen Briketts ihren Platz.
6. Hat der Teig sein Volumen verdoppelt, wird er auf einer mit Mehl bestäubten Arbeitsplatte zu einem runden Fladenbrot ausgerollt.
7. Je nach Größe des Dutch Ovens passt ein Focaccia in den Deckel – andernfalls backen Sie das Brot in zwei Durchgängen.
8. In das Brot mit einem Holzlöffel viele Vertiefungen drücken, die mit Oliven und Rosmarin bestückt werden. Anschließend mit Meersalz bestreuen und mit Olivenöl beträufeln.
9. Den umgekehrten Topf als Abdeckung aufsetzen und die Foccacia etwa 20-25 Minuten lang backen.

Nährwertangaben pro Portion (bei 8 Portionen):
322 kcal | 45g Kohlenhydrate | 12g Fett | 8g Protein

Früchtebrot

20 Portionen – 80 Minuten Zubereitungszeit

Zutaten:

- 330g Weizenvollkornmehl
- 1 Päckchen Backpulver
- 5 EL Honig
- 7 Eier
- 2 TL Lebkuchengewürz
- 2 TL Zimt
- 1 TL Salz
- 200g geschälte Mandeln
- 200g getrocknete Datteln
- 200g getrocknete Feigen
- 200g getrocknete Cranberries
- 200g getrocknete Aprikosen
- 150g getrocknete Birnen

1. Die Mandeln in einer Pfanne ohne Fett leicht rösten; die Trockenfrüchte grob hacken. Beides in einer Schüssel vermengen.
2. In einer Rührschüssel die Eier mit dem Honig schaumig schlagen. Mehl, Backpulver und Gewürze hinzugeben und einen homogenen Teig herstellen.
3. Die Nuss-Frucht-Mischung unter den Teig heben.
4. Den Dutch Oven mit Backpapier auslegen – alternativ sollte der Topf gut eingefettet werden.
5. Den Dutch Oven vorheizen: Dabei etwa ein Viertel der Briketts unter dem Topfboden platzierten und den Rest auf dem Deckel.
6. Den Teig in den Topf einfüllen, den Deckel auflegen und das Brot etwa 60 Minuten lang backen.
7. Ab drei Vierteln der Garzeit mit der Stäbchenprobe den Backvorgang kontrollieren. Bleibt kein Teig mehr am eingestochenen Holzstäbchen hängen, ist das Früchtebrot durchgebacken.
8. Am besten schmeckt das Früchtebrot, wenn es in Alufolie gewickelt noch einige Tage lang durchzieht.

Nährwertangaben pro Portion (bei 20 Scheiben):
263 kcal | 33g Kohlenhydrate | 8g Fett | 7g Protein

Karottenkuchen

16 Portionen – 80 Minuten Zubereitungszeit

Zutaten:

- 500g Karotten (ein Teil der Karotten kann auch durch Kürbis oder Zucchini ersetzt werden
- 200g gemahlene Mandeln oder Haselnüsse
- 100g Agavendicksaft, Honig oder ein Süßungsmittel nach Wunsch
- 75g Weizenvollkornmehl
- 100g Kokosraspeln
- Abgeriebene Schale einer Zitrone
- Saft einer Zitrone
- 1 TL Zimt
- 6 Eier
- ½ Päckchen Backpulver

1. Die Karotten schälen und auf der Gemüsereibe raspeln.
2. Die Eier trennen: Eigelb mit Agavendicksaft, Zitronenschale und Zimt schaumig schlagen. Eiweiß mit Zitronensaft steif schlagen.
3. Nüsse, Mehl, Karotten und Kokosraspeln unter die Eigelbmischung rühren.
4. Eiweiß vorsichtig unter den Teig heben.
5. Den Dutch Oven mit Backpapier auslegen – alternativ sollte der Topf gut eingefettet werden.
6. Den Dutch Oven vorheizen: Dabei etwa ein Viertel der Briketts unter dem Topfboden platzierten und den Rest auf dem Deckel.
7. Den Teig in den Topf einfüllen, den Deckel auflegen und den Kuchen etwa 60 Minuten lang backen.
8. Ab drei Vierteln der Garzeit mit der Stäbchenprobe den Backvorgang kontrollieren. Bleibt kein Teig mehr am eingestochenen Holzstäbchen hängen, ist das Früchtebrot durchgebacken.

Nährwertangaben pro Portion (bei 16 Stück):

200 kcal | 10g Kohlenhydrate | 15g Fett | 7g Protein

Rhabarbercrumble Vegan

4 Portionen – 40 Minuten Zubereitungszeit

Zutaten:

- 500g Rhabarber
- 500g Erdbeeren
- 3 EL Agavendicksaft
- 1 EL Maisstärke
- 40g Hirseflocken
- 40 gemahlene Mandeln
- 30g Mandelblättchen
- 40g Quinoapops
- 3 EL Agavendicksaft
- 4 EL Kokosöl

1. Rhabarber waschen und in Stücke schneiden. Erdbeeren von den Stielansätzen befreien und vierteln.
2. Obst in einer Schüssel mit der Maisstärke und 3 EL Agavendicksaft mischen.
3. Hirseflocken, Mandelblättchen, gemahlene Mandeln und Quinoapops in einer Schüssel mischen und mit 3 EL Agavendicksaft und 4 EL verflüssigtem Kokosöl zu einer Streuselmasse verkneten.
4. Den Dutch Oven vorheizen: Dabei etwa die Hälfte der Briketts unter dem Topfboden platzierten und den Rest auf dem Deckel.
5. Die Fruchtmischung in den Dutch Oven einfüllen und die Streuselmasse darauf verteilen.
6. Den Crumble etwa 25 Minuten lang backen lassen. Das Gericht ist servierfertig, wenn die Streusel leicht gebräunt sind.

Nährwertangaben pro Portion:

287 kcal | 31g Kohlenhydrate | 15g Fett | 4g Protein

Blaubeercrumble

4 Portionen – 40 Minuten Zubereitungszeit

Zutaten:

- 500g gemischte Beeren
- 4 EL Ahornsirup
- 1 Messerspitze Vanillepulver
- 100g Haferflocken oder 4-Korn-Flocken
- 6 gehäufte EL Mandelmehl
- 2 EL natives Kokosöl
- 1 Prise Salz
- Zimt

1. Einen kleinen Dutch Oven vorheizen: Dafür die Hälfte der heißen Briketts unter den Topfboden legen und den Rest auf den Deckel.
2. Beeren mit Vanillepulver und einem EL Ahornsirup vermengen.
3. Für die Streusel Haferflocken, Mandelmehl, Kokosöl, 1 EL Ahornsirup, Salz und Zimt verkneten.
4. Die Fruchtmischung in den Dutch Oven einfüllen und die Streusel darauf verteilen.
5. Den Deckel aufsetzen und etwa 30 bis 40 Minuten lang backen, bis die Streusel leicht gebräunt sind.
6. Das Crumble lässt sich mit vielen Obstsorten variieren; z.B. Birnen, Pfirsichen oder Äpfeln.

Nährwertangaben pro Portion:

319 kcal | 27g Kohlenhydrate | 19g Fett | 8g Protein

Bananen-„Matschkuchen“

4 Portionen – 80 Minuten Zubereitungszeit

Zutaten:

- 6 EL Vollkornmehl
- 2 TL Backpulver
- 6 Bananen
- 2 Eier
- 100ml Milch
- 4 EL Honig, Agavendicksaft oder Reissirup
- 50g Butter

1. Mehl und Backpulver vermischen und in den mit Backpapier ausgelegten Dutch Oven streuen.
2. Die Bananen in Scheiben schneiden und auf der Mehlmischung verteilen.
3. Butter in Flöckchen auf die Bananen setzen.
4. Eier, Milch und Honig verquirlen und auf die Bananen gießen.
5. Den Dutch Oven auf ¼ der heißen Briketts stellen; die restlichen Briketts auf den Deckel platzieren und diesen auflegen.
6. Den Kuchen etwa 30 bis 35 Minuten lang backen, bis er auf der Oberseite beginnt zu bräunen.

Nährwertangaben pro Portion:

227 kcal | 28g Kohlenhydrate | 9g Fett | 8g Protein

Quarkauflauf

4 Portionen – 80 Minuten Zubereitungszeit

Zutaten:

- 3 Eier
- 125g Xucker (Xylit)
- 75g Grieß
- 2 TL Backpulver
- Saft und Schale einer Zitrone
- Etwas Salz
- 500g Quark
- 250g Kirschen, Blaubeeren oder Pfirsiche

1. Eier trennen. Eigelb schaumig schlagen; Xucker, Grieß und Backpulver hinzugeben und verrühren.
2. Die Mischung mit Zitronenschale und einer Prise Salz würzen.
3. Quark unter die Eiermischung rühren.
4. Eiweiß mit Zitronensaft steif schlagen und unter die Quarkmasse heben.
5. Abschließend Obst nach Wahl unter die Masse mischen.
6. Den Dutch Oven auf ¼ der heißen Briketts stellen; die restlichen Briketts auf den Deckel platzieren.
7. Den Topf mit Kokosöl auspinseln und die Quarkmasse einfüllen.
8. Den Auflauf etwa 2 Stunden bei niedriger Temperatur (110 bis 130 Grad) backen.

Nährwertangaben pro Portion:

304 kcal | 54g Kohlenhydrate | 5g Fett | 22g Protein

Nuss-Schnecken zuckerarm

8 Portionen – 80 Minuten Zubereitungszeit

Zutaten:

- 330g Dinkelmehl
- ½ Würfel Hefe
- 150ml Milch
- 1 Ei
- 30g Butter oder Margarine
- 120g Mandelmus
- 120g gehackte und geröstete Haselnüsse
- Honig, Agavendicksaft oder Reissirup zu Süßen
- Zimt

1. Mehl in eine Rührschüssel geben und eine Kuhle formen.
2. Die Hefe in die Vertiefung bröckeln und die Milch anwärmen.
3. Die warme Milch über die Hefe gießen und alles 10 Minuten lang gehen lassen.
4. Butter und Ei hinzufügen und alles zu einem homogenen Teig verkneten.
5. Eine Kugel formen und den Teig abgedeckt an einem warmen Ort gehen lassen (etwa 45 Minuten), bis sich sein Volumen verdoppelt hat.
6. Für die Füllung Nüsse, Mandelmus und Zimt verrühren. Nach Geschmack süßen.
7. Den Teig zu einem Rechteck ausrollen und mit der Füllung bestreichen. Von der langen Seite her aufrollen und dann die Rolle in 8 gleich große Scheiben schneiden.
8. Den Dutch Oven mit Backpapier auslegen und auf ¼ der heißen Briketts stellen; die restlichen Briketts auf den Deckel platzieren.
9. Die Nuss-Schnecken in den Topf setzen und etwa 20 Minuten lang backen.

Nährwertangaben pro Portion:

377 kcal | 30g Kohlenhydrate | 22g Fett | 14g Protein

Apfelstrudel

4 Portionen – 80 Minuten Zubereitungszeit

Zutaten:

- 4 Blätter Filoteig (aus der Kühltheke oder dem türkischen Lebensmittelgeschäft)
- 1kg säuerliche Äpfel (z.B. Boskoop)
- 5 EL Rosinen
- 50g gemahlene Mandeln oder Haselnüsse
- 4 EL Rum
- 4 EL Honig, Agavendicksaft oder Reissirup
- 1 TL Zimt
- Mark einer Vanilleschote
- 2 EL zerlassene Butter
- 1 Eigelb

1. Die Äpfel schälen, entkernen und in Stücke schneiden.
2. Mit Rum, Rosinen, Mandeln, Honig, Zimt und Vanillemark vermischen.
3. Die Filo-Teigblätter auf einem Küchenhandtuch so ausbreiten, dass sich die Ränder überlappen.
4. Den Teig mit der Butter einpinseln und die Füllung darauf verteilen. Zu den Rändern hin mindestens 4 Zentimeter unbelegt lassen.
5. Den Dutch Oven mit Küchenpapier auslegen und auf ¼ der heißen Briketts stellen; die restlichen Briketts auf den Deckel platzieren.
6. Mithilfe des Küchentuchs den Strudel von der langen Seite her aufrollen und in einer Ringform in den Dutch Oven legen. Alternativ eignet sich ein Kastenform-Dutch Oven ideal für den Apfelstrudel.
7. Den Strudel von außen mit Eigelb bepinseln und den Deckel auf den Topf setzen. Etwa 35 bis 40 Minuten lang backen.

Nährwertangaben pro Portion:

294 kcal | 55g Kohlenhydrate | 5g Fett | 7g Protein

Cheesecake völlig zuckerfrei

16 Portionen – 80 Minuten Zubereitungszeit

Zutaten:

- 600g Doppelrahmfrisch-käse
- 220g saure Sahne
- 160g Xylit (Xucker)
- 3 Eier
- Saft einer Zitrone
- 1 EL abgeriebene Zitronenschale
- Vanillemark einer Vanilleschote
- 250g Mandelmehl
- 125g Butter
- 75g Xucker
- 1 Ei
- 1 TL Zimt

1. Den Deckel des Dutch Oven mit Backpapier auslegen.
2. 75g Xucker, Butter, Mandelmehl, 1 Ei und Zimt zu einer homogenen Masse vermischen und als Boden in den Deckel des Dutch Ovens verteilen. Sorgfältig andrücken.
3. Den Deckel mit der Oberseite nach unten auf ein Viertel der heißen Briketts legen. Den Topf darüberstülpen und die restlichen drei Viertel der Briketts darauflegen. Auf diese Weise wird der Boden etwa 15 Minuten vorgebacken.
4. Für die Käsemasse Frischkäse, saure Sahne, Xucker, 3 Eier, Zitronensaft und -schale und Vanillemark verrühren.
5. Den Dutch Oven vom Deckel abheben und die Käsemasse auf dem Kuchenboden verteilen.
6. Dutch Oven samt Briketts wieder aufsetzen und den Kuchen weitere 30 bis 45 Minuten backen.

Nährwertangaben pro Portion (16 Stücke):
272 kcal | 12g Kohlenhydrate | 19g Fett | 12g Protein

Hirse-Kirschauflauf

Vegan

4 Portionen – 80 Minuten Zubereitungszeit

Zutaten:

- 200g Hirse
- 500ml Mandelmilch
- 4 EL Honig Agavendicksaft
- 100g gehackte Walnüsse
- 2 TL Zimt
- 500g Kirschen oder Pfirsiche
- 1 TL Kokosöl
- 1 TL Honig

1. Den Dutch Oven mit allen Briketts unterhalb des Topfbodens erhitzen und die Mandelmilch hineingießen.
2. Die Flüssigkeit aufkochen lassen und die gewaschene Hirse einrühren. Dann die Hälfte der Briketts entfernen und die Hirse bei niedriger Temperatur 20 Minuten lang quellen lassen.
3. 1 TL Kokosöl schmelzen und mit den gehackten Walnüssen und dem TL Honig verrühren.
4. Das Obst, 4 EL Honig und Zimt unter die gegarte Hirse rühren. Die Nussmischung darauf verteilen. Gegebenenfalls zusätzlich 1 EL Dinkelpaniermehl darüber streuen.
5. Anschließend nur noch 2 Briketts unter den Dutch Oven legen und den Rest auf den Deckel.
6. Deckel auflegen und den Hirseauflauf ca. 20 Minuten lang backen, bis die Kruste leicht gebräunt erscheint.

Nährwertangaben pro Portion:

472 kcal | 52g Kohlenhydrate | 25g Fett | 9g Protein

Bratäpfel

4 Portionen – 35 Minuten Zubereitungszeit

Zutaten:

- 4 säuerliche Äpfel
- 2 EL gemahlene Haselnüsse
- 4 EL Honig
- 4 TL Kokosöl
- 80g Rosinen oder Cranberries
- 80g Walnüsse
- 200ml Apfelsaft
- 1 TL Zimt

1. Äpfel waschen und einen „Deckel" von den Früchten abschneiden. Das Kerngehäuse mit einem geeigneten Ausstecher entfernen.
2. Walnüsse hacken und mit Rosinen, Haselnüssen, Honig, Zimt und Kokosöl vermischen.
3. Die Äpfel mit der Masse befüllen und die Deckel wieder aufsetzen.
4. Den Dutch Oven auf der Glut aufheizen und die Äpfel hineinsetzen. Den Apfelsaft angießen.
5. Den Deckel aufsetzen und dabei 2/3 der Briketts darauf platzieren. 1/3 der Briketts verbleibt unter dem Ofen.
6. Die Bratäpfel etwa eine halbe Stunde lang schmoren.

Nährwertangaben pro Portion:

389 kcal | 47g Kohlenhydrate | 19g Fett | 5g Protein

Kokosmilchreis Vegan

4 Portionen – 60 Minuten Zubereitungszeit

Zutaten:

- 200g Milchreis
- 200ml Wasser
- 800ml Kokosmilch
- 4 EL Ahornsirup oder Agavendicksaft
- 1 TL Zimt
- Mark einer Vanilleschote

1. Dutch Oven auf der Glut erhitzen.
2. Sämtliche Zutaten in den Topf geben und offen einmal aufkochen lassen.
3. Deckel aufsetzen und dabei ¼ der Briketts unter dem Topf belassen, während ¾ auf dem Deckel liegen.
4. Den Milchreis bei niedriger Temperatur etwa eine Stunde lang garen lassen – dabei gelegentlich umrühren.
5. Wenn die Konsistenz zu dick wird, etwas Wasser zugeben.
6. Zum Kokosmilchreis harmonieren sowohl Beeren als auch exotische Früchte.

Nährwertangaben pro Portion:

300 kcal | 66g Kohlenhydrate | 1g Fett | 4g Protein

Brownies ohne Zucker

16 Portionen – 45 Minuten Zubereitungszeit

Zutaten:

- 160g Vollkornweizenmehl
- 500g Kidneybohnen (Abtropfgewicht von 2 Dosen)
- 200ml Milch oder Pflanzenmilch
- 6 EL Backkakao
- 4 TL Backpulver
- 80g Walnüsse
- 100g Schokotröpfchen (100% Kakao)
- 4 Eier
- 120ml Agavensirup oder Honig
- 1 TL Vanillepulver
- 1 Prise Salz

1. Bohnen gründlich mit Wasser abspülen.
2. Mehl, Bohnen, Eier, Kakao, Agavendicksaft, Backpulver, Salz und Vanillepulver im Mixer zu einem homogenen Teig verarbeiten.
3. Nüsse grob hacken und zusammen mit den Schokotröpfchen unter den Teig mischen.
4. Den Dutch Oven mit Backpapier auslegen.
5. Teig in den Dutch Oven einfüllen und den Deckel aufsetzen. Zwei Drittel der Briketts auf den Deckel legen, um stärkere Oberhitze zu erzeugen. Ein Drittel verbleibt unter dem Topf.
6. Die Brownies etwa 30 bis 40 Minuten lang backen.

Nährwertangaben pro Portion:

189 kcal | 21g Kohlenhydrate | 8g Fett | 7g Protein

Dieses Buch könnte Ihnen ebenfalls gefallen...

Outdoor Küche – Das Camping Kochbuch: Die 80 besten Rezepte für das Kochen im Freien

Von Aaron Brandt

- ✓ 80 leckere Rezepte frei von industriellen Zutaten - Natur pur!
- ✓ Enthalten sind Klassiker wie Stockbrot, Eintöpfe und Maiskolben...
- ✓ ... aber auch Exoten wie Campingburrito, Thai-Pita und Jacobsmuscheln
- ✓ Rezepte für Camping-Kocher, Grill, Pfanne, Dutch Oven oder ganz ohne Zubehör
- ✓ Obendrein gibt es viele nützliche Tipps und Tricks rund um das Outdoor Kochen

Taschenbuchpreis: 9,95€
eBook-Preis: 2,99€

ISBN: 978-1548878788
eBook-ASIN: B073V8N9SH

Haftungsausschluss

Dieses Buch enthält Meinungen und Ideen des Autors und hat die Absicht, Menschen hilfreiches und informatives Wissen zu vermitteln. Die enthaltenen Strategien passen möglicherweise nicht zu jedem Leser, und es gibt keine Garantie dafür, dass sie auch wirklich bei jedem funktionieren. Die Benutzung dieses Buchs und die Umsetzung der darin enthaltenden Informationen erfolgt ausdrücklich auf eigenes Risiko. Haftungsansprüche gegen den Autor für Schäden materieller oder ideeller Art, die durch die Nutzung oder Nichtnutzung der Informationen bzw. durch die Nutzung fehlerhafter und/oder unvollständiger Informationen verursacht wurden, sind ausdrücklich ausgeschlossen. Das Werk, inklusive aller Inhalte, gewährt keine Garantie oder Gewähr für Aktualität, Korrektheit, Vollständigkeit und Qualität der bereitgestellten Informationen. Druckfehler und Fehlinformationen können nicht vollständig ausgeschlossen werden.

Impressum

Falk Heinrichs wird vertreten durch:

Anna Rotkind
Atelier Eriksen Rotkind
Am Albanikirchhof 10
37073 Göttingen

Covergestaltung und -konzept: lauria | fiverr.com
Coverbilder: quadxeon | istockphoto.com und Provectors | depositphotos.com

Jahr der Veröffentlichung: 2017
Verantwortlich für den Druck: Amazon Distribution GmbH, Leipzig

25819325R00069

Printed in Poland
by Amazon Fulfillment
Poland Sp. z o.o., Wrocław